Flying on the Wings of Poetry,
with their hearts upon their sleeves

Volando en las alas de la poesía,
con el corazón en la manga

Flying on the Wings of Poetry,
with their hearts upon their sleeves

Volando en las alas de la poesía
con el corazón en la manga

John B. Lee

Antony Di Nardo

Laurence Hutchman

Richard Marvin Grove

Editor

MSc Miguel Ángel Olivé Iglesias

First Edition

Library and Archives Canada Cataloguing in Publication

Title: Flying on the Wings of Poetry, with their hearts upon their sleeves = Volando sobre las Alas de la Poesía, con el corazón en la manga / John B. Lee, Antony Di Nardo, Laurence Hutchman, Richard Marvin Grove ; editor (MSc) Miguel Ángel Olivé Iglesias.
Other titles: Volando sobre las Alas de la Poesía, con el corazón en la manga | container of (work): Flying on the wings of poetry
  | container of (expression): Flying on the Wings of Poetry, with their hearts upon their sleeves. Spanish
Names: Lee, John B., 1951- author. |
    Di Nardo, Antony, 1949- author. |
    Hutchman, Laurence, 1948- author. |
    Grove, Richard M. (Richard Marvin), 1953- author. |
    Olivé Iglesias, Miguel Ángel, 1965- editor.
Description: Poems in English and Spanish; translated from the English.
Identifiers: Canadiana (print) 20200374869 |
        Canadiana (ebook) 20200374931 |
ISBN 9781989786208 (softcover) |
ISBN 9781989786215 (ebook)
Subjects: LCSH: Canadian poetry—21st century. |
    LCSH: Canadian poetry—21st century—Translations into Spanish. |
    LCSH: Cuba—Poetry. | CSH: Canadian poetry English)—21st century. | CSH: Canadian poetry (English)—21st century—Translations into Spanish. | CSH: Spanish literature— Translations from English.
Classification: LCC PS8297.S7 F58 2020 |
        DDC C811/.608097291—dc23

www.canadacubaliteraryalliance.org/SandCrabBooks.html

Copyright © 2020 Hidden Brook Press
Copyright © 2020 Authors / Autores: John B. Lee, Antony Di Nardo, Laurence Hutchman, Richard Marvin Grove

All rights for poems revert to the author. All rights for book, layout and design remain with Hidden Brook Press. No part of this book may be reproduced except by a reviewer who may quote brief passages in a review. The use of any part of this publication reproduced, transmitted in any form or by any means, electronic, mechanical, photocopied, recorded or otherwise stored in a retrieval system without prior written consent of the publisher is an infringement of the copyright law.

Todos los derechos por los poemas son de los autores. Los derechos de producción del libro, montaje y diseño son de SandCrab Books. No se permite reproducir este libro, excepto por un crítico, quien podrá citar fragmentos breves. El uso de parte alguna de esta publicación ya sea reproducida, o transmitida en alguna forma o por algún medio, electrónico, mecánico, fotocopiado, grabado o almacenado o en cualquier otro formato de guardado sin consentimiento previo dado por escrito por el editor, es una violación a las leyes de derecho de autor.

Title: Flying on the Wings of Poetry, with their hearts upon their sleeves
Volando sobre las Alas de la Poesía, con el corazón en la manga

Poets / Poetas: John B. Lee,
Antony Di Nardo,
Laurence Hutchman,
Richard Marvin Grove

Editor – Miguel Ángel Olivé Iglesias

Assistant Editor / Editor Asistente – Jorge Alberto Pérez Hernández

Proofreading / Revisión – Miguel Ángel Olivé Iglesias,
– Jorge Alberto Pérez Hernández

Translations / Traducciones – Miguel Ángel Olivé Iglesias,
– Jorge Alberto Pérez Hernández

Cover Design / Diseño de portada – Richard M. Grove

Cover Photograph / Fotografía de portada – Richard M. Grove

Layout and Design / Formato y Diseño – Richard M. Grove

Typeset in / Tipografía – Calibri

Printed and bound in UAS / Impreso y encuadernado en USA

Distributed in Canada by Hidden Brook Distribution / Distribuido en Canadá por la Hidden Brook Distribution

Friendship

Amistad

Table of Contents / Índice

Introduction by the Editor / Introducción del Editor – *p. 1*

John B. Lee
A Farm Boy Thinks of Cuba / Un chico granjero piensa en Cuba

– Stronger in Broken Places / Más fuerte en las partes quebradas – *p. 12*
– What Means 'Tomorrow' / Lo que significa 'Mañana' – *p. 16*
– One Morning in Mayabe / Una mañana en Mayabe – *p. 20*
– Writing the Darkness / Escribir la oscuridad – *p. 24*
– Forgetful / Olvidada – *p. 26*
– On the Beauty of Being Elsewhere /
    Sobre la belleza de estar en otra parte – *p. 28*
– The Starwatchers / Espectadores de estrellas – *p. 30*
– You Say, You See / Dices, ves – *p. 34*
– My Friend is Chasing the Rumour of Nazi Gold /
    Mi amigo persigue el rumor del oro Nazi – *p. 36*
– El Hombre con La Guitarra Azul / El hombre con la guitarra azul – *p. 40*

Antony Di Nardo
A Week of Writing in Gibara / Una semana escribiendo en Gibara

– Icarus on the Beach / Ícaro en la playa – *p. 50*
– Between the Rooster and the Moon / Entre el gallo y la luna – *p. 52*
– Change Was a Currency Columbus Understood /
    El cambio era una divisa que Colón entendía – *p. 54*
– Montreal in the Sand / Montreal en la arena – *p. 56*
– Shiny Objects / Objetos brillantes – *p. 58*
– The Morning Gets Started / Comienza la mañana – *p. 60*
– Baudelaire on the Beach / Baudelaire en la playa – *p. 62*
– Looking Up / Mirar hacia arriba – *p. 64*
– *Azul* / Azul – *p. 66*
– The Q / La pregunta – *p. 68*

Laurence Hutchman
My 2020 Trip to Cuba / Mi viaje del 2020 a Cuba

– Witness Tree in Havana / Árbol testigo en La Habana – *p. 74*
– Gibara / Gibara – *p. 76*
– The Wall / La pared – *p. 78*
– Three Mural Figures in the Lobby of Playa Blanca /
    Tres figuras murales en el vestíbulo de Playa Blanca – *p. 80*
– Walking Along the Rocks / Caminando por las piedras – *p. 82*
– Listen to the Sea / Escucha el mar – *p. 84*
– The Water Is So Wild This Morning /
    El agua está tan bravía esta mañana – *p. 86*
– Storm / Tormenta – *p. 88*
– The Pelican / El pelícano – *p. 90*
– Two Worlds / Dos mundos – *p. 92*

Richard Marvin Grove
Travelling in Cuba / Viajando en Cuba

– Ponderously Proud / Solemnemente orgulloso – *p. 102*
– Two Feet on the Ground / Dos pies sobre la tierra – *p. 104*
– Overcoming Gravity / Venciendo la gravedad – *p. 106*
– Warming His Bench / Calentando su banco – *p. 108*
– The Special Period / El periodo especial – *p. 110*
– Back to Holguin from Bayamo in our 1948 Chevrolet /
    De regreso a Holguín desde Bayamo en nuestro Chevrolet del 48 – *p. 112*
– Swollen Bellies of Prosperity /
    Hinchados vientres de la prosperidad – *p. 114*
– February Crescent, Moon-Lit Night /
    Cuarto creciente de febrero, noche iluminada por la luna – *p. 118*
– Reading Poetry in Cuba / Leyendo poesía en Cuba – *p. 120*
– For Amphitrite's Necklace / Para el collar de Anfitrite – *p. 122*

Poets´ Bios / Biografía de los poetas – *p. 124*
About the Editor / Sobre el Editor – *p. 136*

Introduction by the Editor

I have heard old people comment that home is where your dreams are. While this is quite true in my experience, I must say this book we are presenting tells us dreams are also possible in other places that feel like home. At least this is what the four fine poets visiting these pages prove to us. Their way to write about themes showing their involvement at an affective-creative level with geographies far from their homes reveals a connection that we appreciate as readers. They cannot elude – nor do I think they have tried – the charm, the magnetic force pulling them in, prompting them to craft fact-depicting, mostly experiential, strings-attached poetry.

Thus their poems travel with their exploring lines: "out there just beyond the edge of ice where the blue beauty of moving water begins to shoulder over the white line" (Lee); "Not clouds that look like clouds but beach umbrellas aloft among the palms that stick out like tongues and plumes and rattle their leaves in spoken words I easily distinguish." (Di Nardo); "The tree still stands austere and gaunt, guarding the harbour by the wall of the military station. Its roots unusually above ground so alive in their slender serpentine shapes anchor the tree in the earth." (Hutchman); "Jupiter perched on timeless horizon west over *Los Caneyes*. Twilight silver grey scanning the stars…" (Grove).

They also glide, rise, plummet with facts and feelings in a phantasmagoria of metaphors: "a lone vulture soars, kiting the thermals the black flag of his dropshadow drifting echo-darkness over the mango groves caressing the orchards by the lake as though with the sorrowful breath of a widow's veil" (Lee); "Above a cavalcade of clouds, blue skies stretched in a patch of metaphors for the journey up and north, a sudden sort of blue, sublime, like pages and pages of the very same colour in books on our shelves." (Di Nardo); "On this giant hotel wall the figure of a woman has a mystical appearance: from her one ear a large fish extends with a flower on its blue fin, from the other a stingray with molecular flowers." (Hutchman); "Only the imagination will know what will happen to those coins hurled into the Atlantic waves of tomorrow's fury. I am not sure that Poseidon will care much about a fistful of coins tossed into his salty treasure trove" (Grove).

And they rejoice or suffer: "here within this sand-white arc of bent bones long-lost in the disinterment of a deep grave at the sad moment when the heart drops through as on some archeological grey-water gloaming when heaven refuses the light loss" (Lee); "*Café sin leche* (milk is impossible to find) and a little *tortilla* starts every day and the place never changes, not in our lifetime, not since Apollo went to the moon, not since we decided to follow the rise and fall of the orb of the sun" (Di Nardo); "When the lights go off, I drift into the night sky, millions of years away, reminding me when I was eight lying in bed, thinking back in time farther and farther, stepping into infinity" (Hutchman); "If there is one axiom of life it is that man will survive with less. In Cuba there is enough love and camaraderie to go around." (Grove).

SandCrab Books published in 2018 the fourth volume of the Bridges Series Books, *Where the Heart Lies*, with two Canadian and two Cuban poets. The poems´ core significance had to do with writing from the heart about places it has been touched by, leitmotifs emerging from a sentient identification with them. Our present book follows on that chord leading beyond the poets´ frontiers.

Poets nurture, poets uplift; it is their duty and pleasure to discern the many realities offered to us with different eyes and present them to people. This is what these four poets have achieved, outstandingly, with their hearts upon their sleeves, as reads the title of the fifth Bridges Series Books volume, soon to be published too. I cannot call this "heart-related" aspect of poetry publishing by Hidden Brook Press or its imprint, SandCrab Books, a mere coincidence. The bond between poets and context, between their gift and their product at the service of life, is significantly appreciated in this new book and flaps like a proud banner for the publisher, who always aims at the best, at the most representative, heartfelt literature.

Editor
Miguel Ángel Olivé Iglesias

Introducción del Editor

He escuchado a personas mayores expresar que el hogar está donde están tus sueños. Aunque esto es una gran verdad en mi experiencia, debo decir que este libro que presentamos nos señala que los sueños también son posibles en otros lugares que se sienten como el hogar. Al menos eso es lo que nos prueban los cuatro excelentes poetas que visitan estas páginas. Su manera de escribir sobre temas que muestran su adhesión a un nivel afectivo-creativo a geografías lejos de sus casas revela un nexo que apreciamos como lectores. No pueden eludir – ni creo que lo hayan intentado – el encanto, la atracción magnética que los involucra, motivándolos a crear poesía que describe hechos, mayoritariamente experiencial, comprometida.

De esta forma sus poemas viajan con sus líneas exploratorias: "allá afuera justo pasado el borde de hielo donde la belleza azul del agua en movimiento comienza a abrir una senda sobre la línea blanca" (Lee); "No nubes que parecen nubes sino sombrillas de playa en alto entre las palmas que sobresalen como lenguas y penachos y sacuden sus hojas en palabras habladas que distingo fácilmente" (Di Nardo); "El árbol se alza austero y desolado, cuidando el puerto cerca del muro de la estación militar. Sus raíces inusualmente sobre el suelo tan vivas en sus delgadas formas serpentinas afianzan el árbol a la tierra" (Hutchman); "Júpiter posado sobre el inmortal horizonte al oeste de Los Caneyes. Crepúsculo plateado gris explorando los astros…" (Grove).

También se deslizan, se elevan, caen en picada con hechos y sentimientos en una fantasía de metáforas: "un buitre solitario sobrevuela, planeando en las corrientes de aire caliente la bandera negra de su sombra en caída desplazando eco-oscuridad sobre las arboledas de mangos acariciando los huertos cerca del lago como con el aliento adolorido del velo de una viuda" (Lee); "En lo alto un desfile de nubes, un cielo azul extendido en una franja de metáforas para la travesía arriba y al norte, un repentino algo de azul, sublime, como páginas y páginas del mismo color en los libros en nuestros estantes" (Di Nardo); "Sobre esta gigantesca pared del hotel la figura de una mujer tiene una apariencia mística: desde una oreja un enorme pez de extiende con una flor en su aleta azul, desde la otra oreja una raya con flores moleculares" (Hutchman); "Solo la imaginación sabrá lo que pasará a esas monedas tiradas a las atlánticas olas de la furia del mañana. No estoy seguro que a Poseidón le importe mucho un puñado de monedas lanzadas a su salado tesoro valioso" (Grove).

Y se regocijan o sufren: "aquí dentro de este arco blanco como arena de huesos doblados perdidos hace tiempo en la exhumación de una tumba profunda en el triste momento cuando el corazón se desploma como en algún crepúsculo arqueológico de grises aguas cuando el cielo niega la ligera pérdida" (Lee); "Café sin leche (imposible encontrar leche) y una tortillita abren cada día y el lugar nunca cambia, no en nuestras vidas, no desde que la misión Apolo fue a la luna, no desde que decidimos seguir la salida y la puesta de la esfera solar" (Di Nardo); "Cuando se apagan las luces, voy a la deriva hacia el cielo nocturno, millones de años en la distancia, recordándome cuando tenía ocho años en cama, pensando en el pasado más y más lejos, dando pasos hacia lo infinito" (Hutchman); "Si hay alguna verdad en la vida es que el hombre sobrevivirá con menos. En Cuba hay suficiente amor y hermandad para seguir adelante" (Grove).

En 2018 SandCrab Books publicó el cuarto volumen de la Serie Puentes, *Donde late el corazón*, con dos poetas canadienses y dos cubanos. El significado esencial de los poemas estaba relacionado con el escribir desde el corazón sobre lugares que lo han emocionado, temas que emergen de una sentida identificación con ellos. El presente libro continúa sobre esa línea que lleva más allá de las fronteras de los poetas.

La poesía nutre, la poesía edifica; los poetas están en todas partes, y es su deber y placer discernir las muchas realidades ante nosotros con ojos diferentes y presentarlas a la gente. Eso es lo que estos cuatro poetas han logrado, de manera notable, con sus emociones al descubierto, como dice el título del quinto volumen de la Serie Puentes, a publicarse en breve también. No puedo considerar este aspecto "de conexión al corazón" de la poesía que publica Hidden Brook Press o su sello, SandCrab Books, una mera coincidencia. El lazo entre los poetas y el contexto, entre su don y su producto al servicio de la vida, se aprecia significativamente en este nuevo libro y ondea como un orgulloso emblema para la editorial, que siempre apunta a la mejor, a la más representativa, genuina literatura.

Editor
Miguel Ángel Olivé Iglesias

John B. Lee

A Farm Boy Thinks of Cuba

The first occasion of my giving Cuba any thought goes to the time when I was a nine-year-old farm boy growing up in southwestern Ontario while in October 1961 during the Cuban missile crisis my father cautioned his impressionable son against swallowing the propaganda coming into our living room by way of American nightly news. Though the apocalyptic randiness of our elders encouraged fear of total nuclear annihilation in every pre-adolescent fiber of my young body, my wise father cautioned me as though he were intuitively informed by the lines of Rudyard Kipling's poem: "If you keep your head when all about you / Are losing theirs ...".

Many years later, I would visit Cuba and inquire of my new Cuban friend Manuel, 'how was it for you?' And he would reply with memories of his mother warning him against the American bombers flying over the farm fields of his home island. My Canadian experience came to mind. I am now and always will be a tourist longing to become a traveler. I've visited Cuba over a dozen times since that first meeting. I've spent time and expended the energy necessary to co-translate five hundred years of Cuban poetry into English. I've sojourned on that beautiful island in the company of family, friends, fellow poets, and Cuban writers, and though I am destined to remain a tourist I long to return a traveler, stronger in broken places, knitting the us-and-them into one community of one people. Plato wrote that 'love will be watery' and my abiding wish is that we might one day flow together as a river to the sea.

Un chico granjero piensa en Cuba

La primera vez que pensé en Cuba fue con nueve años y era un chico granjero creciendo en el suroeste de Ontario mientras en octubre de 1961 durante la crisis de misiles en Cuba mi padre alertó a su hijo impresionable de que no creyera la propaganda que llegaba a nuestra sala en las noticias nocturnas norteamericanas. Aunque la rudeza apocalíptica de nuestras personas mayores estimulaba el miedo a una aniquilación nuclear total en cada fibra preadolescente de mi joven cuerpo, mi sabio padre me alertó como si estuviera instintivamente informado por las líneas del poema de Rudyard Kipling: "Si preservas tu cabeza mientras todos a tu alrededor / Están perdiendo las suyas...".

Muchos años después, visitaría Cuba y preguntaría a mi nuevo amigo cubano Manuel, 'cómo te fue?' Y él respondería con recuerdos de su madre advirtiéndole de los bombarderos americanos que volaban sobre los campos sembrados de su isla nativa. Mi experiencia canadiense vino a mi mente. So y ahora y siempre seré un turista deseando ser un viajero. He visitado Cuba más de una docena de veces desde aquel primer encuentro. He pasado tiempo y utilizado la energía necesaria para traducir en colaboración quinientos años de poesía cubana al inglés. He recorrido esa bella isla acompañado por familia, amigos, colegas poetas, y escritores cubanos, y aunque estoy destinado a seguir siendo un turista anhelo retornar a ser viajero, más fuerte en las partes quebradas, tejiendo el nosotros-y-ellos en una comunión de un solo pueblo. Platón escribió que 'el amor estará débil' y mi deseo permanente es que un día podamos fluir juntos como un río hacia el mar.

Stronger in Broken Places

out there
just beyond the edge of ice
where the blue beauty of moving water
begins to shoulder over
the white line
is the very place
where the boy was lost
to the slow shrug
of a seventh wave
shawling up
and shivering over
his small body
with an undulating drag
like wet chain
as link by shuddering link
the cruel-fingered lake
became a last seduction
of foam and frozen froth
and a shaken jigger
of shattered ice
sizzling in the deep beyond all reach
like embers hissing
as they die
and he was swept away
waving as an old horizon
might wave in distant shores that receive
the dying light of day

and I wonder then
are we also
stronger in broken places
as we are
when snapped bones knit

if we ask the threadbare spirit
where it's worn most thin
by the big questions
we are sometimes used to ask
on the wall at home
I have a photograph
of a Cuban father
standing tall beside his little son
their hands both linked in loving
their shadows cast
dark tracings on the sand
as they regard
the beauty of the Caribbean Sea
and what receives the light
in everything
lies just beyond their reach

Más fuerte en las partes quebradas

allá afuera
justo pasado el borde de hielo
donde la belleza azul del agua en movimiento
comienza a abrir una senda sobre
la línea blanca
es el preciso lugar
donde se perdió el chico
en la lenta onda
de una séptima ola
envolviendo
y estremeciendo
su nimio cuerpo
en un empuje ondulante
como de cadenas mojadas
mientras eslabón por trémulo eslabón
el lago con dedo cruel
se volvió una última seducción
de espumajo y espuma helada
y tumbos agitados
de hielo quebrado
crepitando en lo profundo fuera de alcance
como ascuas chisporroteando
cuando se consumen
y él fue arrastrado
flotando mientras un viejo horizonte
quizás flotara en orillas lejanas que reciben
la moribunda luz del día

y me pregunto entonces
somos también nosotros
más fuertes en las partes quebradas
como lo somos
cuando los chasqueados huesos se sueldan

si le preguntamos al raído espíritu
donde se desgasta en mayor medida
por las grandes preguntas
que algunas veces acostumbramos a hacer

en la pared en casa
tengo una foto
de un padre cubano
erguido al lado de su pequeño hijo
sus manos ambas unidas por amor
sus sombras proyectan
huellas oscuras en la arena
mientras observan
la belleza del mar Caribe
y lo que recibe la luz
en todo
está más allá de su alcance

What Means 'Tomorrow'

my friend Victor Manuel
the uncommonly handsome
Cuban doctor
administers to the people
living in the most remote regions
of Brazil
dwelling deep in the rainforest
of Amazon
where he says to the sick
in his own third language
'come back tomorrow…'

he learned Portuguese
in service before arriving
by way of his own island language
his father Manuel taught him English
in the cradle
and Spanish in the womb
and now
from the lingua franca
of the delta
he is translated
into the local palaver
'come back tomorrow …'
and he sees his patients are puzzled

'what means tomorrow …'
they have no word for days or weeks
or years or even for hours yet to come
they have no concept
of the future
'what means tomorrow …'

and in the same world
the numeracy
amounts to
'one, two, three
 many'
with no numerals
beyond three

they stand naked
in the shadow-filtered light
speaking bird
speaking river, speaking
fire darkness and
star time
with so much to teach us
so much to share

Lo que significa 'Mañana'

mi amigo Víctor Manuel
el excepcionalmente apuesto
médico cubano
atiende a personas
que viven en las más recónditas regiones
de Brasil
habitan en lo profundo de la selva tropical
del Amazonas
donde él le dice a los enfermos
en su tercera lengua
'vuelva mañana…'

aprendió portugués
en la práctica antes de llegar
a través de su propia lengua isleña
su padre Manuel le enseñó inglés
desde la cuna
y español en el vientre
y ahora desde la lengua franca
del delta
se le traduce
al habla local
'vuelva mañana…'
y ve que sus pacientes se asombran

'qué significa mañana …'
no tienen una palabra para los días o las semanas
o los años o incluso las horas por venir
no tienen el concepto
de futuro
'qué significa mañana …'

y en el mismo mundo
el conocimiento básico de las matemáticas
llega a
'uno, dos, tres
muchos'
sin números
más allá del tres

están parados desnudos
en la luz filtrada por las sombras
hablando en ave
hablando en río, hablando
fuego oscuridad y
hora de las estrellas
con tanto que enseñarnos
tanto que compartir

One Morning in Mayabe

in the morning in Mayabe
a lone vulture
soars, kiting the thermals
the black flag
of his dropshadow
drifting echo-darkness over the mango groves
caressing the orchards by the lake
as though with the sorrowful breath
of a widow's veil—
we walk the hill
through medlar and soursop
the long leathering pods
of the flamboyant
rattling their saber sheathes
over the shortswords
of a wind on the march
as up we rise
along the donkey-dung road
to the finca casa of a reconstructed farm
there in the burnt-bean gloom
of a Cuban kitchen
Wency is doing the coffee dance
with mortar and pestle
and I am reminded how it was for me
making butter, churning in the milk slosh
of my own childhood home
as with the ache in my small boy arms
I felt myself
a drudge of the slow globulation
plunging the weight of a wooden cross
in turbulent oleaginous coagulation
of ultra-yellow coldering
clatter, lifting that stick from the suck
like curding and cheese clabber
what was that then
but the seemingly endless ennui

of a child's labour
and my mother
in time, gone butter black
a glossy tabula rasa
and I'm
a drone of dead roses
my heart
the stone of a busy hill

Una mañana en Mayabe

por la mañana en Mayabe
un buitre solitario
sobrevuela, planeando en las corrientes de aire caliente
la bandera negra
de su sombra en caída
desplazando eco-oscuridad sobre las arboledas de mangos
acariciando los huertos cerca del lago
como con el aliento adolorido
del velo de una viuda—
andamos la colina
a través del níspero y la guanábana
las larga vainas recubiertas
del flamboyán
sacudiendo las espadas de sus fundas
ante las cortas espadas
de un viento en marcha
en lo que escalamos
a lo largo de un camino con estiércol de asno
hasta la finca de una granja reconstruida
allí en la lobreguez de grano quemado
de una cocina cubana
Wency baila la danza del café
con mortero y pisón
y me recuerda cómo fue para mí
hacer mantequilla, revolver el chapoteo de leche
de mi propio hogar de mi niñez
y como con el dolor en mis pequeños brazos de muchacho
sentí
el duro trabajo de la lenta formación de glóbulos
hundiendo el peso de una cruz de madera
en una coagulación oleaginosa turbulenta
de ultra-amarillo estrépito
que se va enfriando más,
levantando el madero de la succión
como cuajada y crema de queso
que era eso entonces

sino el aparentemente interminable tedio
del trabajo de un niño
y mi madre
en tiempo, convertida en negrura de mantequilla
una pulida tabula rasa
y yo soy
un zángano de rosas marchitas
mi corazón
la roca de una colina ajetreada

Writing the Darkness

this Cuban dog, the one we call Winky
scrofulous and lousy
flea-swollen
crimson and patchy
with relentless itch
curls down into unborn memory
seeking the sweet respite of sleep
that comes
only to the amniotic
startlement of a first spark
a sperm-pierced ovum
zygotic and then as with
the feral whelp
and a nascent milkening
hunger comes
in lactatory star-swirl to
this love-starved galaxy
where there is already suffering enough
for all

Escribir la oscuridad

este perro cubano, el que llamamos Winky
tuberculoso y piojoso
lleno de pulgas
carmesí y errático
con picazón implacable
se enrosca en el recuerdo por nacer
en busca de la dulce tregua del sueño
que llega
solo hasta el amniótico
asombro de una primera chispa
un óvulo atravesado por el esperma
embrionario y luego como con
el parir salvaje
y una naciente apetencia
de la leche que se crea viene
en remolino estelar de lactación a
esta galaxia famélica de amor
donde hay ya sufrimiento suficiente
para todos

Forgetful

here within this sand-white arc
of bent bones long-lost in the
        disinterment of a deep grave
at the sad moment
when the heart drops through
as on some archeological
grey-water gloaming
when heaven refuses the light loss
as it is with autumn's over-ripening
some winter orchard's
lassitude for the outlasting of medlars
this woman
in her island cerements
her skull bejeweled by a sacred stone
her forehead turned
to her mate
giving the halo-gaze
of love, the one she gave in life
the selfsame devotion, the quickening
that dimples the blue pulse points inspiring
the language of desire
how is it
that this pre-Columbian princess
has come to dust through dust
with this intact sombrerito
this capshadow of the soul
this small darkness
she holds
as a child might close
a half shell in her hand
the one she will find in the morning
and lose in the evening
forgetful of grieving

Olvidada

aquí dentro de este arco blanco como arena
de huesos doblados perdidos hace tiempo en
        la exhumación de una tumba profunda
en el triste momento
cuando el corazón se desploma
como en algún crepúsculo arqueológico
de grises aguas
cuando el cielo niega la ligera pérdida
como pasa con la sobre-maduración otoñal
de la debilidad de algún huerto
de invierno para la supervivencia de los nísperos
esta mujer
en su mortaja isleña
su cráneo enjoyado con una piedra sagrada
su frente ladeada
hacia su pareja
dando la mirada-halo
del amor, el que dio en vida
la propia devoción, la aceleración
que marca los puntos azules del pulso inspirando
el lenguaje del deseo
cómo es
que esta princesa pre-Colombina
se ha vuelto polvo en medio del polvo
con este sombrerito intacto
esta sombra del alma
esta pequeña oscuridad
que lleva ella
como un niño pudiera cerrar
un medio caracol en su mano
el que ella encontraría por la mañana
y perdería por la tarde
olvidada de la aflicción

On the Beauty of Being Elsewhere

I look out through
window glaze freshly frosted in last-night's snow
like the clinging there of new-washed linen
and beyond that glimpse
the sublimation of bushes
those fine-boned creatures
purified by winter
even where wind song
seems at this white hour
in the burning cold
overfull with sunlight calcified
like chalkstone—oh my Ontario morning
I am saying farewell
as I'm rising in the belly of this silver bird
emerging into a post-prandial blue
walking the humid torpor
of a Cuban evening
feeling the lovely melancholia
of being elsewhere

like a rose of ice
I water away
una rosa blanca
dying in the crystalline wave
Irish linen grown old
a snowflake on the tongue
of a child reciting Martí
amused by a poem he knows
as he knows in a moment
of ice and water
and water and sky's blue aspic
concealing the invisible flavour of light

Sobre la belleza de estar en otra parte

Miro por
el vidriado de la ventana recién helado en la nevada de anoche
como si colgara allí blanca ropa acabada de lavar
y más allá de esa visión
la sublimación de los arbustos
esas criaturas de elegantes huesos
purificados por el invierno
incluso donde la canción del viento
parece estar a esta hora blanca
en el deslumbrante frío
sobrecargado con luz solar calcificada
como piedra de tiza—oh mi mañana de Ontario
me despido
mientras levanto vuelo en el vientre de este pájaro plateado
emerjo a un azul post-pandrial
camino en el húmedo letargo
de una tarde cubana
siento la encantadora melancolía
de estar en otra parte

como una rosa de hielo
riego
una rosa blanca
que fenece en la ola cristalina
ropa irlandesa que ha envejecido
un copo de nieve en la lengua
de un niño que recita a Martí
entretenido por un poema que se sabe
como sabe en un momento
sobre el hielo y el agua
y el agua y la gelatina azul del cielo
que esconde el sabor invisible de la luz

The Starwatchers

we were a sextet
of curious humans
three generations of starwatchers
gazing up
at the brilliant embers
of night-black heaven
blazing over the small island
off the coast of Cuba
a gauze-thin cloud
drifting across moonlight
like smoke
from the burning mind of Galileo Galilee
and I
the solitary expert
only of the most obvious
celestial bodies
naming the small dipper
the belt of Orion
the planet Venus
goddess of the distant horizon
Aphrodite standing on her shell
far out in the wine-dark sea
all her great desires
revealed in light
the milky luminosity of her breasts
and the waves that trace her hips
like foam upon the combers
in the shoals
where reef and shallows
meet and break in a deep blue line

but I am contemplating loss
with my father
gone   and my mother
gone - vanishing into those mortal moments
of impossible memory and forgotten dream

oh Copernicus
and though the common sky
seems overfilled
there's darkness in the well
while thirst draws forth this cup of words
splashing every particle
of knowledge into dust
the genius of time has stolen love
and set the stillness of two silent hearts
like stones beyond my reach

Espectadores de estrellas

éramos un sexteto
de humanos curiosos
tres generaciones de espectadores de estrellas
mirando en lo alto
las brillantes ascuas
de un cielo de noche oscura
resplandeciendo sobre la pequeña isla
cerca de las costas de Cuba
una nube de fina gasa
a la deriva a través de la luz de la luna
como humo
en la mente apasionada de Galileo Galilei
y yo
el experto solitario
solo de los más conspicuos
cuerpos celestes
nombrando la Osa Menor
la franja de Orión
el planeta Venus
diosa del lejano horizonte
Afrodita parada sobre su concha
en la distancia en el mar vino-oscuro
todos sus grandes deseos
revelados a la luz
la luminosidad láctea de sus senos
y las olas que trazan sus caderas
como espuma sobre las olas
en los cardúmenes
donde arrecife y bajíos
convergen y se deshacen en una profunda línea azul

pero yo contemplo la pérdida
con mi padre
ido   y mi madre
ida - desvaneciéndose en esos mortales momentos
de memoria imposible y sueño olvidado

oh Copérnico
y aunque el cielo común
parece sobrecargado
hay oscuridad en el pozo
mientras la sed motiva esta copa de palabras
salpicando cada partícula
de saber en polvo
el genio del tiempo se ha robado el amor
y colocado la quietud de dos corazones silenciosos
como rocas más allá de mi alcance

You Say, You See

you say you see
one farm worker in Cuba
trimming dead spears
from the dying Yucca
wielding his machete
with criminal intent
and as he beautifies
the green heat
of this *finca*
he is secretly dreaming
the damage he'd do
hacking away
at the bloodied limbs
of the privileged and pampered
passers by
as though deep within
his dark heart
far behind the false smile
of the mask he wears
shaded by sombrero
in the ragged straw shadow
of his brow
crosshatched with broken light
he harboured such a hatred
as it is with all servitude

you call me naïve
as though I carried
only the master's whip hand
in the lashing of lines
upon this page
and the scars of my making
were welted
with self-deceiving lies

Dices, ves

dices, ves
un granjero en Cuba
cortando puntas muertas
de la moribunda Yuca
blandiendo su machete
con intención criminal
y mientras él embellece
el verde calor
de esta finca
sueño secretamente
con el daño que haría
haciendo tajos
de las extremidades sanguinolentas
de los privilegiados y consentidos
transeúntes
como si bien adentro en
su oscuro corazón
más atrás de la sonrisa falsa
de la máscara que lleva
resguardada por el sombrero
en la deshilachada sombra de paja
de su frente
estampada con luz fragmentada
él abrigara tal odio
como es con toda servidumbre

me dices ingenuo
como si yo llevara
solo el látigo en la mano del amo
en el azote de líneas
sobre esta página
y las cicatrices de mi creación
estuvieran ribeteadas
con mentiras de auto-engaño

My Friend is Chasing the Rumour of Nazi Gold

somewhere
in the blue-green
aquamarine depths
of the Caribbean sea
off the coast of Cuba he's chasing
the myth of sunken treasure
locked in the belly
of a German submarine
wherein the idea
of Nazi gold
glitters in the mind
like a shining hook
swallowed hard

think here of Hemingway
cruising the waters of dream
in his craft the Pilar
spying the grey flesh
of a U-boat
surfacing, the conning tower
like a dorsal fin shedding foam
its glass eye blind
to the perils of the American pen

this being a battle
of beard versus moustache
the barber's imaginary match
two faces fixed in air
both masked in salty whiskers of frothing fog

what's alchemy then
but sunlight on the palm

what's el dorado
to the lost Galleons of Spain

here lifted to the light the red stigmata
of Santiago's bloodied hands
and the Marlin like a sword of war
vanishing forever into the shark-toothed sea

Mi amigo persigue el rumor del oro Nazi

en algún lugar
en las azul-verdosas
profundidades aguamarinas
del mar Caribe
ante las costas de Cuba él persigue
el mito de un tesoro hundido
encerrado en el vientre
de un submarino alemán
donde la idea
de oro Nazi
brilla en la mente
como un anzuelo deslumbrante
tragado a la fuerza

piensa aquí en Hemingway
atravesando las aguas del sueño
en su embarcación Pilar
espiando la piel gris
de un submarino alemán
que sale a la superficie, la torre elevada
como una espina dorsal echando espuma
su ojo de cristal ciego
a los peligros de la pluma americana

esta una batalla
de barba contra bigote
la pelea imaginaria del barbero
dos rostros fijos en el aire
ambos enmascarados en patillas saladas de niebla espumosa

qué es la alquimia entonces
sino luz solar en la palma

qué es el dorado
para los Galeones perdidos de España

aquí elevado a la luz las rojas marcas
de las ensangrentadas manos de Santiago
y la Aguja como una espada de guerra
desvaneciéndose para siempre en el mar con dientes de tiburón

El Hombre con La Guitarra Azul

the man with the blue guitar
sings Martí
as we ride
the jaunting cart
horse-drawn along the sea-lit
lanes of Gibara, solo voce
"yo soy un hombre sincero"

and with wife
and friends in chorus
the song
in harmony lifting
over the buzz of shining strings
the melodious
mourning of the recent loss
of America's quintessential troubadour
of peace and source of song

that sky we see
is also star-subsuming blue
and this Jorge
with whom we share
a brilliant ear
one hour
in the cool grotto
a common cave
like the mind of the earth

two rock climbers
spider the wall
with handgrip and toehold
and float rope
and hang cradle

while three guitars
one mandolin
and twelve voices
flicker the candle of a distant room
as it is with the echolalia
of a much-remembered day

the priestly sigh at the end of service
the poet
breathless at the end of an overlong line
the lover
in pleasure, the child
in grief
and the eidolon of memory
saying hello and again hello

El hombre con la guitarra azul

el hombre con la guitarra azul
canta a Martí
mientras viajamos
en la carreta de excursión
tirada por un caballo a lo largo de las calles de Gibara
alumbradas por el mar, a sola voz
"yo soy un hombre sincero"

y con la esposa
y amigos en coro
la canción
en armonía se eleva
sobre el zumbido de brillantes cuerdas
el melodioso
luto de la reciente pérdida
del trovador de paz por excelencia
de América y fuente de la canción

ese cielo que vemos
es también un azul que abarca las estrellas
y este Jorge
con quien compartimos
un brillante oído
una hora
en la fresca gruta
una cueva común
como la mente de la tierra

dos escaladores
suben por la pared
con asa y asidero
y cuerda
y soporte de cuelgue

mientras tres guitarras
una mandolina
y doce voces
hacen fluctuar la vela de una lejana habitación
como pasa con la ecolalia
de un día muy recordado

el suspiro sacerdotal al final del oficio religioso
el poeta
sin aliento al final de una interminable cola
el amante
con placer, el niño
con dolor
y el espectro del recuerdo
diciendo hola y otra vez hola

Antony Di Nardo

A Week of Writing in Gibara

Sitting by a wall on a stone step that led to a small beach in Gibara I watched as my friends, mostly poets, jumped and played in the waves, when Icarus came to mind and I scribbled a line about him in my notebook. As legend tells us, having flown too close to the sun he lost his wings and fell into the sea, his flight plans dramatically altered. Icarus, wings, birds of a feather, I associate these with poetry and poets, and there they were, after an afternoon of talking about Purdy and Atwood, my Cuban and Canadian friends deep in the waters of Gibara.

I think it was Kant who said our perceptions and assumptions change what we see and, as a consequence, filter our experiences. Art is both a by-product of that and, as an act of creation, an end in itself. On that sunny day by the water's edge I wrote the beginnings of my poem, *Icarus on the Beach*. I came to Cuba on silver wings to do just that – to write. And to be with and among other writers. I was not disappointed.

Poetry for me is a witnessing, and the poet the not-so-innocent bystander. I'm essentially a poet of place, parachuting in to gather my thoughts, so to speak. In Gibara, I was the vigilant witness. I made poetry out of my own observations, scenes I imagined, people and encounters re-created out of words I wrote to fit the page. I indulged in a narrative of old Cuba, its history and uniqueness, largely recreated out of bits and scraps. I was immersed in that world for a week and it gave me the time and space I needed to write what I wrote.

The ten titles that follow are a distillation as well as an elaboration of that place. Like Cuba itself, some of these poems border on the absurd and surreal. Some present a lyric syncopation, not too different from the Latino-Cuban beats I heard in the island music and speech of its people. Irony thrives when the poet-observer is free to be as detached as the words permit. Metaphors grow out of lyrical lines like fungi in the wild. The remarkable and unusual are not left unsung.

That was the gift of poetry I found in Gibara. And tucked into its folds, I got a narrow sense of village life on the fringe, the socio-economic realities of Cuban society through the eyes of poets and their families. Not since I lived in Beirut, have I felt how passionate poetry can be, and the strength of sincerity in a poet's work. Writing was like that for me the week I was in Gibara.

Una semana escribiendo en Gibara

Sentado ante una pared sobre un escalón de piedra que daba a una pequeña playa en Gibara veía como mis amigos, sobre todo poetas, saltaban y jugaban entre las olas, cuando Ícaro me vino a la mente y garabateé una línea sobre él en mi agenda. Como cuenta la leyenda, por haber volado muy cerca del sol perdió sus alas y cayó al mar, sus planes de vuelo se alteraron dramáticamente. Ícaro, alas, pájaros de una misma ala, los asocio con la poesía y los poetas, y allí estaban, luego de una tarde de conversaciones sobre Purdy y Atwood, mis amigos cubanos y canadienses profundo en las aguas de Gibara.

Me parece que fue Kant quien dijo que nuestras percepciones y asunciones cambian lo que vemos y, como consecuencia, permean nuestras experiencias. El arte es un resultado de ello y, como acto de creación, un fin en sí mismo. En aquel día soleado a la orilla del agua escribí el inicio de mi poema, *Ícaro en la playa*. Vine a Cuba con alas plateadas para hacer precisamente eso – escribir. Y para estar con y entre otros escritores. No quedé decepcionado.

La poesía para mí es un acto de atestación, y el poeta el espectador no tan inocente. Soy esencialmente un poeta de lugar, lanzándome en paracaídas para reunir mis ideas, por así decirlo. En Gibara, yo fue el testigo alerta, creé poesía salida de mis propias observaciones, escenas imaginadas, personas y encuentros recreados desde las palabras que escribí para ajustarme a la página. Di rienda suelta a una narrativa sobre la antigua Cuba, su historia y carácter único, bien recreada a partir de fragmentos. Me sumergí en ese mundo por una semana y ello me dio el tiempo y el espacio que necesitaba para escribir lo que escribí.

Los diez títulos que vienen a continuación son una destilación y a la vez una elaboración de ese lugar. Como la misma Cuba, algunos de estos poemas se acercan a lo absurdo y surreal. Algunos tienen un ritmo lírico, no muy diferente de los ritmos latino-cubanos que escuché en la música y el habla isleñas de su gente. La ironía aumenta cuando el poeta-observador es libre para estar tan alejado como las palabras permiten. Metáforas nacen de líneas líricas como los hongos en la naturaleza. También se le canta a lo notable y lo inusual.

Ese fue el regalo de la poesía que encontré en Gibara. Y acurrucado entre sus pliegues, noté un sentido estrecho de vida de pueblo en la periferia, las realidades socio-económicas de la sociedad cubana a través de los ojos de los poetas y sus familias. Solo desde que viví en Beirut, he sentido cuán apasionada puede ser la poesía, y la fuerza de la sinceridad en el trabajo de un poeta. Escribir fue así para mí la semana que estuve en Gibara.

Icarus on the Beach

I was the first one out of the water,
                      having plunged to the bottom,
      never intending to be there to begin with.

Poets all around me, Miguel and Jorge,
wet with the sea,
      came back to the beach singing songs
                    of Peggy and Purdy.

We took turns stripping clouds bare to the core,
        washing away the long winter wear.

I sat with the island behind me,
                      my wings to the side,
gathered and folded on the steps to the beach
where buzzards, splayed against the arc of the sky,
            spread word of my fall,
      crying *Arise, Arise,*
                you don't belong!

And vaguely I remember my name being called
                      —Icarus! Icarus!—
anchored to a song I desperately
            wanted to sing for myself.

Ícaro en la playa

Fui el primero en salir del agua,
                    habiéndome sumergido hasta el fondo,
        nunca con intención de estar allí para empezar.

Poetas a mi alrededor, Miguel y Jorge,
húmedos de mar,
           regresaron a la playa entonando canciones
                              de Peggy y Purdy.

Nos fuimos turnando en desnudar las nubes hasta su centro,
                quitándoles la larga ropa de invierno.

Me senté con la isla a mis espaldas,
                      mis alas a los costados,
recogidas y plegadas sobre los peldaños que llevan hasta la playa
donde las auras, expandidas contra el arco del cielo,
                anunciaban mi caída,
            gritando ¡*Levántate*, *Levántate*,
                            no eres de ahí!
Y vagamente recuerdo que decían mi nombre
                —!Ícaro! !Ícaro!—
aferrado a una canción que desesperadamente
                    ansiaba cantarme a mí mismo.

Between the Rooster and the Moon

A little rooster lives inside the walls of my room.

The little moon high above my head is looking for
                                      someone to talk to.

Between the two there's no telling what
                                      might happen next.

Entre el gallo y la luna

Un pequeño gallo vive dentro de las paredes de mi habitación.

La pequeña luna elevada sobre mi cabeza busca
                                       alguien con quien hablar.

Entre los dos no hay forma de decir qué
                                       podría pasar.

Change Was a Currency Columbus Understood

Columbus sailed in silver and gold, he loved platinum
and titanium, iridium, bitcoin and foil,
       all that glittered and guttered and gilded.

He sailed into the New World not far from my wallet.
When he put down his foot he put down roots
       and said that's that, monetarily speaking.

Columbus when he landed shook the leaves right off
the trees, one by one,
       and they looked and smelled and fell
                     like greenbacks.

This, the second Fall of Man, all went according to plan
and was meant to last forever when Columbus sailed
       across the ocean blue,
             but *nada* was ever the same after that.

El cambio era una divisa que Colón entendía

Colón navegó en plata y oro, adoraba el platino
y el titanio, el iridio, *bitcoin* y el aluminio,
 todo lo que brillaba y parpadeaba y era dorado.

Navegó hasta el Nuevo Mundo no lejos de mi cartera.
Cuando puso su pie puso raíces
 y dijo así es, en términos monetarios.

Colón cuando desembarcó desprendió las hojas de
los árboles, una a una,
 y parecían y olían y cayeron
 como dólares.

Esta, la segunda Caída del Hombre, pasó toda de acuerdo al plan
y debía durar para siempre cuando Colón navegó
 por el azul océano,
 pero nada fue otra vez lo mismo después de
eso.

Montreal in the Sand

Not clouds that look like clouds
                            but beach umbrellas aloft
among the palms
          that stick out like tongues and plumes
                                  and rattle their leaves
in spoken words I easily distinguish.

Not sails on wings to look like sails
                                    but seabirds shimmering
in the crisscross play of pale blue waves
                to let me know that among these voices
Quebec and the flag it flies
                          is only hours north of Cuba.

Montreal en la arena

No nubes que parecen nubes
                    sino sombrillas de playa en alto
entre las palmas
        que sobresalen como lenguas y penachos
                            y sacuden sus hojas
en palabras habladas que distingo fácilmente.

No velas en las alas para que parezcan velas
                            pero aves marinas res-
plandeciendo
en el movimiento entrecruzado de olas azules
Quebec y la bandera que enarbola
                    está a solo horas al norte de Cuba.

Shiny Objects

They've taught themselves to speak
                              a language of their own,
               impossible to put in words.
  They come down from the trees,
                     erase our messages in the sand.

The year is 2020. It could be 1010 for all they care.
       Little has changed in the phonics of the crow,
although pop cans and pull-tabs have been added to
                          their lexicon of caws and cues.

This one here, late afternoon, sitting smug on a wire,
     imitates a 4-cylinder engine
                 which a thousand years ago
was the sound of spinning wheels.

Now spinning wheels in any language is not uncommon,
but shiny objects to a crow can be absolutely
                                 overwhelming
and difficult to pass up.
               Or pin down with just a word.

Objetos brillantes

Se han auto-enseñado a hablar
                             una lengua propia,
                 imposible de llevar a palabras.
Bajan de los árboles,
             borran nuestros mensajes en la arena.

El año es 2020. Podría ser 1010 para lo que les importa.
            Poco ha cambiado en el sonido de los cuervos,
aunque latas de gaseosa y etiquetas desprendibles han sido adicionadas a
                          su léxico de graznidos y claves.
Este de aquí, entrada la tarde, posado petulantemente sobre un cable,
            imita un motor de cuatro cilindros
                        que mil años antes
era el sonido de ruedas girando.

Ahora las ruedas giratorias son algo común en cualquier idioma,
pero los objetos brillantes para un cuervo pueden ser absolutamente

irresistibles
y difíciles de ignorar.
                O definir cabalmente con una palabra.

The Morning Gets Started

Perhaps in a crisis of conscience
                             you come to the realization
that whether Cubans are happy or not has nothing to do
with how you perceive them, the height of the clouds
or the tangle of trees that reach up to the cliff,
                                                      exhausted.

Like children who manufacture excuses
                                  to test their realities,
imaginations so malleable they stretch the incredible,
you think at the heart of perception are your own petty
dislikes, judgments so fragile they tip into nonsense,
                                                      exhausted.

You look through the walls where the windows
                                          are squared,
birds dance a gavotte, a man calls for his wife, the voices
you hear say nothing about you, the morning gets started,
don't stand in its way, you walk out the door already
                                                      exhausted.

Comienza la mañana

Quizás en una crisis de conciencia
                                   te das cuenta
que si los cubanos son felices o no nada tiene que ver
con sobre cómo los percibes, la altura de las nubes
o la maraña de árboles que llegan al acantilado,
                                                                  agotados.

Como chicos que inventan excusas
                                        para probar sus realidades,
fantasías tan maleables que expanden lo increíble,
piensas al centro de la percepción son tus propios pequeños
disgustos, juicios tan frágiles que se inclinan hacia el sin sentido,
                                                                  agotados.

Miras entre las paredes donde las ventanas
                                       son cuadradas,
las aves bailan una gavota, un hombre llama a su mujer, las voces
que escuchas no dicen nada de ti, comienza la mañana,
no te le atravieses, sales ya por la puerta
                                                                  agotado.

Baudelaire on the Beach

Beneath the peak of my cap
                       a shadow shields my eyes,
and a rooftop thatched with prairie grasses
           faces north to south while I look the other way.

The sun has bleached the sky but spares the wind, there
                where you can see the seagulls swarm
and squabble, the rascals raised on mischief and a grin.

A guitar gets plucked and it's not too far,
                          insists that it be heard
     down from the mouth of an open window.
Its music, rare and clear,
            slips into the arms of a distant memory.

There's a word for that, for how I feel,
             and if it comes to me I'll let you know,
but now the sea is nearly at my feet
                       and I can't stay.

Baudelaire en la playa

Debajo de la visera de mi gorra
                          una sombra protege mis ojos,
y un techo cubierto con hierba de llanura
                cubre de norte a sur mientras miro hacia otro lado.

El sol ha blanqueado el cielo pero perdona al viento, allí
                     donde puedes ver las gaviotas aglomerarse
y reñir, las pillas criadas en las travesuras y una burlona sonrisa.

Alguien rasguea una guitarra y no es muy lejos,
                            insiste que sea oída
           desde la entrada de una ventana abierta.
Su música, excepcional y nítida,
resbala hacia los brazos de un distante recuerdo.

Hay una palabra para eso, para como me siento,
              y si viene a mí te la diré,
pero ahora el mar está casi a mis pies
                     y no puedo quedarme.

Looking Up

Above a cavalcade of clouds, blue skies
                       stretched in a patch of metaphors
for the journey up and north,
a sudden sort of blue, sublime, like pages and pages
            of the very same colour
                    in books on our shelves.

Up, we look up, and there's more, no distance
                     overlooked beyond to find the same.
There's a raggedy edge to a Cuban cloud,
        something you can't make up, like temptation
when your hands are full.

Doors are hung, horseshoes nailed in place, eggs
                       cracked and beaten into shape.
Morning with its own vocabulary wakes up secluded
              in a state of solidarity with itself,
the world around our feet invisible until it starts
         and then it starts and there's nothing else quite
like looking up,
        blue and metaphysical and infinitely meaningful.

These clouds, I know them, consist of contraptions
                                  from below,
a boast of wind, particles of ionized encounters,
the kitchen sink, eggshells and sacrifices, but mostly
thoughtless afternoons when we looked the other way.

Mirar hacia arriba

En lo alto un desfile de nubes, un cielo azul
                extendido en una franja de metáforas
para la travesía arriba y al norte,
un repentino algo de azul, sublime, como páginas y páginas
         del mismo color
                en los libros en nuestros estantes.

Arriba, miramos hacia arriba, y hay más, ninguna distancia
                pasada por alto más allá para encontrar lo mismo.
Hay un borde irregular en una nube cubana,
         algo que no puedes inventar, como la tentación
cuando tus manos están llenas.

Las puertas colocadas, las herraduras clavadas en su sitio, los huevos
                partidos y batidos hasta darles forma.
La mañana con su propio vocabulario se despierta solitaria
                en un estado de solidaridad consigo misma,
el mundo alrededor de nuestros pies invisible hasta que comienza
         y luego comienza y no hay nada comparado
con mirar hacia arriba,
         azul y metafísica e infinitamente significativo.

Estas nubes, las conozco, están formadas de artefactos
                        de allá abajo,
un alarde de viento, partículas de encuentros ionizados,
el fregadero, las cáscaras de huevo y los sacrificios, pero sobre todo
las tardes insensatas cuando miramos hacia otro lado.

Azul

What's left to say once you are part of the landscape?
What's left to say once you've put yourself on paper
                          exactly as you see it?

Every crease and creature on a mountain's back,
        every fold in the skirts of the well-worn sea,
shadows shaded to get you in deeper.

A Cubist, say, by any other name still
                paints a portrait with the tip of a brush,
knows the taste of *azul* with the tip of the tongue.

Nothing comes closer to matching the lay of the land
        than songs of the sky, morning till night.
It's all there—the vocals, the spirited style,
                      the brushstrokes and blue,
mostly blue, applied like there's no other colour
that matters when it comes to getting it right.

Azul

¿Qué queda por decir una vez que eres parte del paisaje?
¿Qué queda por decir una vez que te has puesto en el papel
                              exactamente como lo ves?

Cada pliegue y criatura sobre el dorso de una montaña,
               cada doblez en las faldas del bien conservado mar,
las sombras matizadas para hacerte ir más profundo.

Un cubista, digamos, incluso con cualquier otro nombre
                         pinta un retrato con la punta del pincel,
conoce el sabor del azul con el ápice de la lengua.

Nada se acerca más a parecerse a la balada de la tierra
               que las canciones del cielo, de la mañana a la noche.
Todo está ahí—los sonidos de la voz, el estilo intenso,
                      las pinceladas y el azul,
sobre todo el azul, aplicado como si no existiera otro color
que importara cuando se trata de que salga bien.

The Q

How come, asks the poet from Virginia,
we spend our whole lives in the same place
                                        and never leave?

We have the means to shoot for the stars and sail
            across the bay to the end of the line.
We buy a ticket to get on the bus
                              but keep coming back.

Holguin is only an hour away
                              yet the road takes a detour
and we circle round the bend
                  to sit where we sat before.

Café sin leche (milk is impossible to find)
                                and a little *tortilla*
starts every day and the place never changes,
not in our lifetime,
                not since Apollo went to the moon,
not since we decided to follow the rise and fall
                            of the orb of the sun,
gone by the time we make up our minds to leave,
back in the morning to keep our place in the queue.

La pregunta

¿Cómo es posible, pregunta el poeta de Virginia,
que pasemos todas nuestras vidas en el mismo lugar
                                  y nunca nos vayamos?

 Tenemos los medios para lanzarnos a las estrellas y navegar
               por la bahía hasta el final del horizonte.
Compramos un pasaje para montar al autobús
                           pero seguimos regresando.

Holguín está solo a una hora de distancia
                       pero el camino se desvía
y vamos en círculo alrededor de la curva
                       para sentarnos donde nos sentamos antes.

Café sin leche (imposible encontrar leche)
                           y una tortillita
abren cada día y el lugar nunca cambia,
no en nuestras vidas,
                no desde que la misión Apolo fue a la luna,
no desde que decidimos seguir la salida y la puesta
                       de la esfera solar,
que se ha marchado para cuando hemos resuelto irnos,
de vuelta a la mañana para mantener nuestro sitio en la cola.

Laurence Hutchman

My 2020 Trip to Cuba

When you leave the Canadian cold, Cuba—the country of dance and songs—welcomes you. How memorable was the visit to Havana to see José Martí's house in San Francisco de Paula Street (today Leonor Pérez Street), to make our pilgrimage to Hemingway's Finca Vigia, and to read the poems of José Martí and Nicolás Guillén. I remember the centre of Havana, with an amazing marketplace full of books for sale where I bought one of García Márquez's novels, *El general en su laberinto*.

When we were leaving, one of the booksellers (after a long discussion about poetry) ran after Eva and me to give us a book as a gift, *Los mejores sonetos de la lengua castellana*, printed in Barcelona.

This year we joined the Canada Cuba Literary Alliance of writers, and on our trip we spend an unforgettable time with our new Cuban friends, fellow poets. The poems that I have written for this anthology were inspired by this incredible country.

Mi viaje del 2020 a Cuba

Cuando te vas del frío canadiense, Cuba—el país de bailes y canciones—te da la bienvenida. Cuán memorable fue la visita a la Habana para ver la casa de José Martí en la calle San Francisco de Paula (hoy calle Leonor Pérez), peregrinar hasta Finca Vigía, la casa de Hemingway, y leer los poemas de José Martí y Nicolás Guillén. Recuerdo Habana centro, con una impresionante plaza llena de libros en venta donde compré una de las novelas de García Márquez, *El general en su laberinto*.

Al partir, uno de los vendedores de libros (después de un prolongado debate sobre poesía) corrió hacia Eva y hacia mí para regalarnos un libro, *Los mejores sonetos de la lengua castellana*, impreso en Barcelona.

Este año nos unimos a la Alianza Literaria Canadá Cuba de escritores, y en nuestro viaje pasamos momentos inolvidables con nuestros nuevos amigos cubanos, colegas poetas. Los poemas que he escrito para esta antología se inspiraron en este increíble país.

Witness Tree in Havana

Old as the broken stones of Havana,
old enough to have seen
the invasion of the French fleet,
the sporadic incursion of pirates,
or the sinking of the USS Maine in Havana harbour.
It had observed the rich American tourists,
gangsters strolling under the canopy of its leaves.
Fidel Castro with his revolutionary army was passing by
in a jeep to enter the city's boulevard,
fighting his way to the centre of the palace.
It would certainly have seen President Batista
leaving Cuba with 20 million dollars for Santo Domingo.

The tree still stands austere and gaunt,
guarding the harbour
by the wall of the military station.
Its roots unusually above ground
so alive in their slender serpentine shapes
anchor the tree in the earth.

Árbol testigo en La Habana

Viejo como las quebradas piedras de La Habana,
lo suficientemente viejo como para haber visto
la invasión de la flota francesa,
la incursión esporádica de piratas,
o el hundimiento del Maine en el puerto de La Habana.
Había observado a los ricos turistas americanos,
gángsters paseando bajo el recubrimiento de sus hojas.
Fidel Castro con su ejército revolucionario pasaba
en un *jeep* para entrar al boulevard de la ciudad,
abriéndose camino hasta el centro del palacio.
Ciertamente hubiera visto al Presidente Batista
abandonando Cuba con 20 millones de dólares camino a Santo
Domingo.

El árbol se alza austero y desolado,
cuidando el puerto
cerca del muro de la estación militar.
Sus raíces inusualmente sobre el suelo
tan vivas en sus delgadas formas serpentinas
afianzan el árbol a la tierra.

Gibara

It is a bit surreal how the daylight
suddenly begins to diffuse
from the sky and turn from pink to orange.

The streets are so deserted now—
the stray dogs take over,
roosters still crow at each other.
Occasionally colourful cars
from the 1950's lovingly restored,
and a horse with carriage will pass the houses
with deteriorated facades,
their original design still intact.

There is certain serenity here
—the sound of the ocean waves
breaking upon the rocks.

In the doorways mothers sit with children,
men speak in a relaxed tones,
making furniture repairs with tongs and fire.

The open doors reveal bright interiors
of old colonial furniture, religious icons,
portraits of Castro and Camilo,
people watching Cuban newscasts,
or Latin American soap operas.

Nearby the continual sound of Cuban music,
the occasional American song,
and "The Final Countdown" punctuate the night air.

Gibara

Es un poco surreal cómo la luz del día
de repente comienza a diluirse
desde el cielo y tornarse de rosada a naranja.

Las calles están tan desiertas ahora—
los perros callejeros invaden,
los gallos aún se cacarean unos a otros.
Ocasionalmente vistosos carros
de los años 50 amorosamente restaurados,
y un caballo con un coche pasarán ante las casas
de deterioradas fachadas,
su diseño original todavía intacto.

Hay una cierta serenidad aquí
—el sonido de las olas del mar
rompiendo contra las rocas.

En los portales las madres se sientan con niños,
los hombres hablan en tonos relajados,
haciendo arreglos de muebles con pinzas y fuego.

Las puertas abiertas revelan brillantes interiores
de antiguos muebles coloniales, íconos religiosos,
retratos de Castro y Camilo,
gente mirando el noticiero cubano,
o novelas latinoamericanas.

Cerca el continuo sonido de música cubana,
la ocasional canción americana,
y "El conteo final" puntúan el aire nocturno.

The Wall

The wall is not uniform;
here flowers grow in the ground, climbing.

It is a fresco with light Roman brick,
a layered terra cotta history,

or a night sky splashed with constellations
like the shining spirit of ancestors,

a *camera obscura*
recapturing a lost image of time.

The wall does not stop us,
but invites us into a new experience like a door.

The wall is the enclosure of a home
which does not confine us but grows beyond itself.

La pared

La pared no es uniforme;
aquí las flores crecen en el suelo, trepando.

Es un fresco con ladrillo romano ligero,
una historia por capas de terracota,

o un cielo nocturno salpicado de constelaciones
como el resplandeciente espíritu de los ancestros,

una cámara oscura
que recaptura una perdida imagen del tiempo.

La pared no nos detiene,
sino que nos invita a una nueva experiencia como una puerta.

La pared es el contorno de un hogar
que no nos confina sino que crece más allá de sí mismo.

Three Mural Figures in the Lobby of Playa Blanca

On this giant hotel wall
the figure of a woman
has a mystical appearance:
from her one ear
a large fish extends
with a flower on its blue fin,
from the other
a stingray with molecular flowers.
A fish leaps from her hand,
covered in white light promising life.
She is armoured like a crustacean
and from her head a large cannon
extends shooting cannonballs
toward a crab man.

He turns toward us
confident in his own strength,
ready to catch the cannonballs
with his pincers.
His eyes are focused
with an instinctive wisdom.

Finally, on the wall
there is a large face of a man
with Apollo sea-hair
armoured with scales.
The man's left eye is focused on us.
The right eye is a compass
giving him direction
toward the sky of dragonflies, bubbles,
circles of life, planets and stars.

Tres figuras murales en el vestíbulo de Playa Blanca

Sobre esta gigantesca pared del hotel
la figura de una mujer
tiene una apariencia mística:
desde una oreja
un enorme pez de extiende
con una flor en su aleta azul,
desde la otra oreja
una raya con flores moleculares.
Un pez salta de su mano,
cubierto en blanca luz que promete vida.
Ella está acorazada como un crustáceo
y de su cabeza un gran cañón
se extiende disparando balas
contra un hombre cangrejo.

Se vira hacia nosotros
confiado en su propia fuerza,
listo para atrapar las balas de cañón
con sus tenazas.
Sus ojos están centrados
con una sabiduría intuitiva.

Finalmente, sobre la pared
hay un gran rostro de un hombre
con pelo marino de Apolo
acorazado con escamas.
El ojo izquierdo del hombre está fijo en nosotros.
El ojo derecho es una brújula
indicándole el curso,
hacia el cielo de libélulas, burbujas,
círculos de la vida, planetas y astros.

Walking Along the Rocks

Here by water the rocks are black and solid,
while on the other the side of the beach
they are like porous shale,
the homes for sea birds and small mammals.
They are worn by continual erosion,
resembling white books with broken spines,
layered like stone pages.
What stories they would tell me
as I continue my walk
through the soft sand beyond the resort?

Caminando por las piedras

Aquí en el agua las piedras son negras y macizas,
mientras que al otro lado de la playa
son como esquisto poroso,
los hogares de aves marinas y pequeños mamíferos.
Son desgastadas por la erosión continua,
semejante a libros blancos con lomos rotos,
estratificados como páginas de piedra.
¿Qué historias me contarían
mientras sigo mi paseo
a través de la suave arena más allá del centro turístico?

Listen to the Sea

You make me read nature,
as only you can:
how the sea mirrors the waves
on the border of darkness
when the water is darker
than the sky with only a band of blue.
To see the beach
in a seismograph of light
and how the waves moving back to the sea
leave a line in the sand—little hills of music.

Escucha el mar

Me haces leer la naturaleza,
como solo tú puedes hacerlo:
como el mar refleja las olas
sobre el borde de la oscuridad
cuando el agua es más oscura
que el cielo con solo una franja de azul.
Para ver la playa
en un sismógrafo de luz
y como las olas que retornan al mar
dejan una línea en la arena—pequeñas colinas de música.

The Water Is So Wild This Morning

The water is sol wild this morning
when we step from the stairs;
it rushes uncontrollably around us
covering the rocks.

Before this rough coast
I feel your beauty
poised against the sea,
as you raise your arms and full breasts
to dance on the beach through the breaking waves.

"Is Venus coming out of her shell?"
You laugh walking toward me.

El agua está tan bravía esta mañana

El agua está tan bravía esta mañana
cuando bajamos los escalones;
se abalanza incontrolable alrededor nuestro
cubriendo las rocas.

Frente a esta agreste costa
siento tu belleza
suspendida ante el mar,
mientras levantas tus brazos y pechos enteros
para bailar en la playa en medio de las rompientes.

"¿Saldrá Venus de su concha?"
Te ríes caminando hacia mí.

Storm

We are on a raft in wild seas,
clinging to each other naked,
waiting for the waves to calm now,
for the storm to subside,
yet not wanting it to—the excitement in
the air is electric,
and the glow of the moon
where there is no moon
but we know it is there—
we can feel it inside us
on this tousled beach of our bed.

Perhaps in our lovemaking
is the essence of myth,
something more than ourselves.

Tormenta

Estamos en una balsa en el mar revuelto,
aferrándonos a nosotros desnudos,
esperando a que las olas se calmen ahora,
a que la tormenta amaine,
sin embargo no deseando que pase—la excitación en
el aire es eléctrica,
y el resplandor de la luna
donde no hay luna
pero sabemos que está ahí—
podemos sentirla dentro de nosotros
en esta alborotada playa de nuestro lecho.

Tal vez en hacernos el amor
está la esencia del mito,
algo más que nosotros.

The Pelican

From far away I noticed a strange sight,
a group of people standing around a pelican,
taking photos.
I've rarely seen a pelican on the shore
usually a flock of them cruising over the ocean waves.

He was standing awkwardly before this audience,
his body was unnaturally bunched,
moving from side to side,
wings cramped together.

He lifts his tarnished beak
as if to say "What are you doing here,
why do you find me so fascinating?
Don't you have anything better
than to badger me on this beach?
Don't you have a biscuit or something else?"

He resembled a sad comedian
wondering why the audience wasn't reacting.
His dark spectacled eyes were peering into ours
taking us in one at a time in a stoical stance

as if to say, "I will leave you paparazzi tourists,
and fly off to the cloudy kingdom of the sky
to glide over the teeming shoals of Cuba,
where I am at home,
searching for my dinner
in the large restaurant of the sea."

El pelícano

De lejos noté un extraño espectáculo,
un grupo de personas paradas delante de un pelícano,
tomando fotos.
Raramente he visto un pelícano en la orilla
por lo general una bandada cruzando sobre las olas del mar.

Estaba parado de manera engorrosa ante su audiencia,
su cuerpo apiñado de manera absurda,
moviéndose de un lado al otro,
las alas apretujadas.

Levanta su pico manchado
como si fuera a decir "¿Qué hacen aquí,
porqué me hallan tan atractivo?
¿No tienen nada mejor
que molestarme en esta playa?
¿No tienen un bizcocho o alguna otra cosa?"

Parecía un triste comediante
preguntándose porqué la audiencia no reaccionaba.
Sus oscuros ojos como con gafas atisbaban en los nuestros
asimilándonos uno a la vez en una pose estoica

como si fuera a decir, "Los dejaré turistas paparazzi,
y volaré hasta el nublado reino del cielo
para deslizarme sobre los abarrotados cardúmenes de Cuba,
donde estoy en casa,
buscando mi comida
en el amplio restaurante del mar".

Two Worlds

1

I swam through waving sea grass,
into the slanting morning sun's rays.
Here in Jibacoa I snorkel for the first time.
My guide leads me through an underwater world,
heading to deeper water,
out to the coral reef
with its brown bundles and white edges,
where fish hide. He pointed to the blue tang, a flounder,
and yellow and blue parrotfish,
the school of grunts, the deadly black sea urchins.
Under the cliff of a reef
beside a large tire a stingray appears.
It could be anything out there:
the parts of war planes,
wrecks of Spanish galleons.

2

Evening. I swim alone in the pool,
on the stage the girls dance to Cuban songs.
When the lights go off, I drift into the night sky,
millions of years away,
reminding me when I was eight
lying in bed, thinking back in time
farther and farther, stepping into infinity . . .
Now, I'm floating alone in the pool,
in my own space
beyond the clouds and nebula.
I see myself from out there:
the sea resort and the pool.
I am drifting.

How long have the stars been there
in their fiery breath?
How little time I have left
to do whatever I have to do,
to live the way I want to live?
It's not a chilly thought
being so small in this universe.
I'm drifting as I did this morning
when I entered the sea.

These worlds are so different.
We inhabit the one of earth and water.
How precisely little dots of the stars
illuminate the whole night dome of the sky
with their own worlds.
The Greeks named the stars after legends:
Perseus, Andromeda. Orion, Ganymede,
Cancer, the crab—my sign.

Suddenly a yellow-blue light I saw this morning
glides across different worlds.

Dos mundos

1

Nadé a través de hierba marina ondulante,
hacia los rayos inclinados del sol matutino.
Aquí en Jibacoa buceo por vez primera.
El guía me lleva a través de un mundo submarino,
dirigiéndose a aguas más profundas,
hacia el arrecife coralino
con sus bultos pardos y bordes blancos,
donde se esconden los peces. Señaló la perca azul, un lenguado,
y peces tropicales amarillos y azules,
un banco de carpas, los letales negros erizos marinos.
Bajo el risco de un arrecife
al lado de una voluminosa goma aparece una raya.
Podría ser cualquier cosa allá afuera:
pedazos de aviones de guerra,
restos de galeones españoles.

2

Es de noche. Nado solo en la piscina,
en la tarima las chicas bailan al ritmo de canciones cubanas.
Cuando se apagan las luces, voy a la deriva hacia el cielo nocturno,
millones de años en la distancia,
recordándome cuando tenía ocho años
en cama, pensando en el pasado
más y más lejos, dando pasos hacia lo infinito . . .
Ahora, floto solo en la piscina,
en mi propio espacio
más allá de las nubes y nebulosas.
Me veo a mí mismo desde allá afuera:
el centro turístico y la piscina.
Voy a la deriva.

¿Cuánto tiempo han estado ahí las estrellas
con su ardiente aliento?
¿Cuán poco tiempo me queda
para hacer lo que tengo que hacer,
para vivir de la manera que quiero vivir?
No es una fría idea
el ser tan diminuto en este universo.
Voy a la deriva como esta mañana
cuando entré al mar.

Estos mundos son tan diferentes.
Nosotros habitamos el que es de tierra y agua.
Cuán precisos pequeños puntos de estrellas
iluminan toda la cúpula nocturna del cielo
con sus propios mundos.
Los griegos bautizaron a las estrellas por las leyendas:
Perseo, Andrómeda. Orión, Ganimedes,
Cáncer, el cangrejo—mi signo.

De repente una luz amarilla-azul que vi esta mañana
se desliza a través de mundos distintos.

Richard Marvin Grove (Tai)

Travelling in Cuba

It is such a pleasure to be part of this book. When Miguel was first organizing it I jokingly suggested the title "Four Old White Guys Visit Cuba". LOL, it was hands down rejected as a possibility. Miguel shortened the working title down to "4 Gents". I am so pleased with Miguel's final title of "Flying on the Wings of Poetry". Thank you Miguel for all the work you have done on translating and editing this book and other CCLA publications. You always do such a fine job.

Kim and I have been going to Cuba every year for almost 30 years. One of the wonderful things about our CCLA trips is the inevitable bonding nature with fellow poets – Canadian and Cuban. I have enjoyed meeting these three fellow poets between the covers of their books as well as now under a Cuban palm tree. I am privileged to say that I have had the pleasure of their words and their company.

It was suggested that the theme of the poems for each of the four chapters by the four authors should be of, or about, or inspired by, our travels in Cuba. What a treat it was to gather my poems as Cuba is one of my favorite writing topics for prose and poetry as can be found in my books "Trapped in Paradise", "Destination Cuba", "From Cross Hill" and other titles.

It was once said to me by a Cuban poet that all poems inherently have a political bent to them. In the CCLA we purposefully try to stay away from discussing politics though it is inevitable that politics will filter in to a poem even if only between the lines. Even a poem like "Back to Holguin from Bayamo in our 1948 Chevrolet" has political ingresses about road condition observations and even a slow bumpy ride is better than travelling on the thumb. It is just about impossible to not see the politics built into "Swollen Bellies of Prosperity" but as Sigmund Freud said "Sometimes a Cigar is Just a Cigar." So sometimes a blue sky reference is only meant to be about the blue sky. I hope you enjoy these Cuba poems as much as I enjoyed travelling in Cuba to write them.

Viajando en Cuba

Es un gran placer ser parte de este libro. Cuando Miguel estaba organizándolo al principio, jocosamente sugerí el título "Cuatro viejos blancos visitan Cuba". Ríanse, fue totalmente denegado como una posibilidad. Miguel redujo el título práctico a "4 Caballeros". Estoy tan satisfecho con el título final de Miguel de "Volando en las alas de la poesía". Gracias Miguel por todo el trabajo que has hecho de traducción y edición de este libro y otras publicaciones de la ALCC. Siempre realizas un trabajo excelente.

Kim y yo hemos estado viniendo a Cuba cada año por casi treinta años. Una de las cosas maravillosas de nuestros viajes de la ALCC es la inevitable naturaleza aglutinadora con colegas poetas – canadienses y cubanos. He disfrutado encontrarme con estos tres amigos poetas entre las portadas de sus libros así como también ahora bajo una palmera cubana. Es un privilegio para mí decir que he tenido el gozo de sus palabras y su compañía.

Se sugirió que el tema de los poemas para cada una de las cuatro secciones por los cuatro poetas debía ser de, o sobre, o inspirado por, nuestros viajes a Cuba. Qué placer fue compilar mis poemas ya que Cuba es uno de mis temas favoritos para escribir prosa y poesía como se puede apreciar en mis libros "Trapped in Paradise", "Destination Cuba", "From Cross Hill" y otros títulos.

En la ALCC intencionalmente tratamos de alejarnos de las discusiones políticas aunque es inevitable que la política se filtre en un poema incluso si es solo entre líneas. Incluso un poema como "De regreso a Holguín desde Bayamo en nuestro Chevrolet del 48" tiene implicaciones políticas sobre los comentarios de las condiciones de la carretera e incluso un lento accidentado viaje es mejor que viajar haciendo autostop. Es casi imposible no ver lo político en "Hinchados vientres de la prosperidad" pero como dijo Sigmund Freud "Algunas veces un tabaco es solo un tabaco". Entonces algunas veces una referencia a un cielo azul solo significa que es sobre el cielo azul. Espero disfruten estos poemas de Cuba tanto como yo disfruté viajar por Cuba para escribirlos.

Ponderously Proud

For my brother Jorge

Who is this
ponderous handsome Cuban man,
quickly sailing past middle age,
in a long sleeve shirt,
it must be cold today,
looking off into the distance,
contemplating what he did right,
what he must have, inevitably, done wrong
with his life, fallible as every man is
as he strives to be more,
holding his fisherman's hands,
close to his belly guardedly proud
that he is well fed while others
are sadly lacking like his mother land,
embargoed by a big stick held
over his head by a mighty nation.
His hands broad and calloused
telling the story of a younger time
rowing into the black of night
to earn his dinner for his beloved family,
humbly dependent on him, leaning
on his now tired back of endurance.
Sit there dear brother of brothers,
man of men and know that you
have done your best and deserve
to be ponderously satisfied
with what hard work has brought you.

Solemnemente orgulloso

Para mi hermano Jorge

Quién es este
solemne apuesto hombre de Cuba,
navegando rápidamente más allá de los cincuenta años,
con una camisa de mangas largas,
debe hacer frío hoy,
mirando a lo lejos,
contemplando lo que hizo bien,
lo que debe haber, inevitablemente, hecho mal
en su vida, propenso a fallar como lo es todo hombre
mientras lucha por ser más,
con sus manos de pescador,
cerca de su vientre mesuradamente orgulloso
de que está bien alimentado mientras otros
carecen tristemente como su tierra natal,
en el embargo de un garrote blandido
sobre su cabeza por una poderosa nación.
Sus manos grandes y callosas
contando la historia de viejos tiempos
remando hacia la negrura de la noche
para ganarse la comida para su querida familia,
humildemente dependiente de él, apoyándose
en su ahora cansada espalda del tesón.
Siéntate ahí querido hermano de hermanos,
hombre de hombres y ten la certeza de que tú
has hecho lo mejor y mereces
estar seriamente satisfecho
con lo que el duro trabajo te ha dado.

Two Feet on the Ground

A shirtless tanned old guy, no shoes,
groping his way down the street
caught our attention. First I thought
he was sadly infirmed in some physical way.
Two feet on the ground, two hands on the wall,
walking ever so slowly.
It quickly became evident that he was
gob-smacked drunk.

Turning to Jorge, I said:
"I wonder what he is going to do
when he gets to the end of the wall."
Jorge and I laughed. He simply turned the corner
out of sight. Maybe he will walk
in an eternal rectangle. Round and round he goes.
An intimate relationship
with every brick and doorway of this city block.
When we reached the corner and
looked down the street, we found him
lying on his back, laughing out loud,
lifting his leg like a dog about to pee into the air.
He made a loud farting sound blowing air
on the back of his hand. Any ten-year-old boy
might do the same,
rolling on his back expelling joyful flatulation.

Dos pies sobre la tierra

Un viejo sin camisa bronceado, sin zapatos,
andando a tientas por la calle
nos llamó la atención. Inicialmente pensé
que estaba tristemente discapacitado de alguna forma física.
Dos pies sobre la tierra, dos manos en la pared,
caminando tan despacio.
Se hizo evidente pronto que estaba
pasmadamente borracho.

Virándome hacia Jorge, le dije:
"Me pregunto qué va a hacer
cuando llegue al final de la pared".
Jorge y yo nos reímos. Simplemente viró en la esquina
y salió de nuestra vista. Quizás camine
en un eterno rectángulo. Vueltas y vueltas dará.
Una relación íntima
con cada ladrillo y portal de esta cuadra del pueblo.
Cuando llegamos a la esquina y
miramos la calle, lo encontramos
tumbado de espaldas, riéndose en voz alta,
levantando su pierna como un perro a punto de orinar al aire.
Produjo un ruidoso flatulento sonido soplando aire
en el dorso de su mano. Cualquier chico de diez años
haría lo mismo,
girando sobre su espalda lanzando alegres flatulencias.

Overcoming Gravity

An elderly man fell
against the wall slumping,
sliding slowly on to the dusty sidewalk,
pulled by gravity's statement of down.
Two young men
still overcoming gravity very well
bolted to his rescue bringing him up
to his feet for now
defying what might be
the inevitable downward pull
that will eventually
take us all to a place of rest.

Venciendo la gravedad

Un viejo cayó
contra la pared desplomándose,
resbalando lentamente hasta la polvorienta acera,
empujado por la declaración de la gravedad de hacia abajo.
Dos jóvenes
aún capaces de vencer la gravedad excelentemente
corrieron a socorrerlo poniéndolo
sobre sus pies por ahora
desafiando lo que podría ser
la inevitable atracción hacia abajo
que eventualmente
nos llevará a todos a una posición de descanso.

Warming His Bench

There is a Cuban man
in a fine light grey suit,
pressed white shirt,
and a striking pink tie.
He is sitting six benches away from us
in the shade of a broad armed sausage tree.
Swollen swaying pendulums,
gently swinging back and forth,
back and forth, marking time for him.
His hair is bleached blond, shaved on the side.
I wonder if he is the driver of the new Peugeot
parked in the shade of a low hung tree,
beside the church, covered in leaves.
The twelve noon bell tolls, breaking the silence
that hangs with peace in the park.
He fidgets, tapping his heels, squirming
on the cool stone bench,
adjusting his fashion-statement sunglasses.
He is still filling time, warming the bench
when we move on refreshed, cooled.
He stays and waits and fidgets tapping his heels.

Calentando su banco

Hay un cubano
con un elegante traje gris claro,
camisa blanca planchada,
y una sorprendente corbata rosada.
Está sentado a diez bancos de nosotros
bajo la sombra de un árbol salchicha de amplias ramas.
Inflamados péndulos colgantes,
balanceándose suavemente de un lado a otro,
de un lado a otro, pautando el tiempo para él.
Su cabello es rubio blanqueado, afeitado a un lado.
Me pregunto si es el chofer del nuevo Peugeot
parqueado a la sombra de un árbol cercano al suelo,
al lado de la iglesia, cubierto de hojas.
La campanada de las doce se escucha, rompiendo el silencio
que pende en paz en el parque.
Se mueve inquieto, sonando sus talones, retorciéndose
sobre el frío banco de piedra,
ajustando sus gafas de sol de última moda.
Todavía hace tiempo, calentando el banco
cuando nos vamos renovados, frescos.
Él se queda y espera y se mueve inquieto sonando sus talones.

The Special Period

The Flame Tree, dormant,
looks half dead every year,
year after year
while I am in Cuba visiting.
Its blanket of orange flowers
shimmer each spring, after I leave,
vibrant
against warming noonday skies.
In winter, for me,
it dangles its seed pods,
long, dry and black
spinning in near-naked branches

El periodo especial

El Árbol del Fuego, latente,
luce medio muerto cada año,
año tras año
mientras estoy de visita en Cuba.
Su manto de flores anaranjadas
resplandece cada primavera, después que me voy,
vibrante
ante cielos de cálidos mediodías.
En invierno, para mí,
balancea sus vainas,
alargadas, secas y negras
girando en las ramas casi desnudas.

Back to Holguin from Bayamo in our 1948 Chevrolet

We bounce along in our 1948 Chevrolet.
Highway paved years ago,
repaired, repaired, still needing repair.
Potholed conditions
often slowing our progress
to bicycle speed, smoother, weaving
in and out like a drunk driver
then picking up speed to pass an old truck.
The irony of what is old, old or old
does not pass my notice.
We pass the truck just so we can slow
to the inevitable speed of
not fast enough
but always faster than walking,
always faster than a donkey cart,
faster than,
I am glad I don't have my thumb out
but always slow enough
to wish I was already there.

De regreso a Holguín desde Bayamo en nuestro Chevrolet del 48

Vamos dando tumbos en nuestro Chevrolet del 48.
La autopista pavimentada hace años,
reparada, reparada, todavía necesitando reparación.
Situaciones de baches
con frecuencia enlenteciendo nuestro avance
hasta velocidad de bicicleta, más suave, serpenteando
hacia adentro y afuera como un chofer borracho
luego acelerando para sobrepasar un viejo camión.
La ironía de lo que es viejo, viejo o viejo
no escapa a mi observación.
Pasamos el camión solo para que podamos desacelerar
a la inevitable velocidad de
no lo suficientemente rápido
pero siempre más rápido que caminar,
siempre más rápido que un carretón con un burro,
más rápido que,
me alegra que no estoy haciendo señas con el pulgar
pero siempre lo suficientemente lento
como para desear haber llegado ya.

Swollen Bellies of Prosperity

On our way to Bayamo the palm trees
have the swollen belly of prosperity,
the belly bulge of former wellbeing,
as do Cubans in prosperous times.

My brother Jorge emailed me a picture
of a cake to celebrate Michelle's birthday –
happy birthday dear sister.
More glorious, swollen-bellies-of-prosperity
years for her and family. Cake enough for all
while the country suffers
in the second wave of "The Special Period",
the cake may have been a bit smaller this year.
Not enough bread,
not enough chicken,
not enough of just about everything.
But still enough cake for all.
The world is worried about the second wave
of Covid but Cuba is always worried
about the second wave of poverty inflicted
by the vindictive power of USA
president after president. Prez Trump
is the newest worst of the worst.
No swollen bellies of prosperity
in Cuba these days.

As we drive,
the *Sierra Maestra* Mountains in the distance,
Royal Palms lining the highway,
in the close fields, grandly,
majestically defining this land as swinging
from plenty to lack and back,
man and palm, showing signs of former affluence
in trunks with swollen bellies. Plenty of rain
means plenty of hay,
means plenty of milk to drink and sell,
plenty of chicken to eat,
plenty of scraps for the dogs.
Still plenty of distain of the USA for dessert.

The palm trees grow fat in the trunk in times of plenty,
their bulging girth, until the years of drought
hit again when man and palm
pull in their belts, slim in reaction,
from plenty to lack
in the cycle of need and more than enough.
If there is one axiom of life
it is that man will survive with less. In Cuba
there is enough love and camaraderie
to go around.

Hinchados vientres de la prosperidad

Camino a Bayamo las palmas
tienen el vientre hinchado de la prosperidad,
la protuberancia del vientre de antiguo bienestar,
como hacen los cubanos en tiempos prósperos.

Mi hermano Jorge me envió una foto
de un cake para celebrar el cumpleaños de Michelle –
feliz cumpleaños querida hermana.
Más gloriosos, años de
Hinchados vientres de prosperidad para ella y familia.
Cake suficiente para todos
mientras el país sufre
en la segunda ola de "El Periodo Especial",
el cake puede haber sido un poco más pequeño este año.
No hay suficiente pan,
no hay suficiente pollo,
no hay suficiente de justo casi nada.
Pero aún suficiente cake para todos.
El mundo está preocupado por la segunda ola
de Covid pero Cuba siempre está preocupada
por la segunda ola de pobreza impuesta
por el vengativo poder de los EE.UU.
presidente tras presidente. El Presidente Trump
es el más reciente peor de lo peor.
No hay hinchados vientres de prosperidad
en Cuba en estos días.

Mientras manejamos,
las montañas de la Sierra Maestra a lo lejos,
Palmas Reales bordeando la autopista,
en los cercanos campos, grandiosamente,
majestuosamente definiendo esta tierra balanceándose
de la prosperidad a las carencias y viceversa,
hombre y palma, mostrando signos de antigua afluencia
en troncos con vientres hinchados. Abundancia de lluvia
quiere decir abundancia de heno,
abundancia de leche para tomar y vender,
abundancia de pollos para comer,
abundancia de sobras para los perros.
Aún abundancia de deshonor de los EE.UU. como postre.

Las palmeras se vuelven gruesas en el tronco en tiempos de abundancia,
su hinchada circunferencia, hasta que los años de sequía
azotan otra vez cuando el hombre y la palma
se aprietan sus cinturones, delgados como respuesta,
de la abundancia a la carencia
en el ciclo de la necesidad y más que suficiente.
Si hay alguna verdad en la vida
es que el hombre sobrevivirá con menos. En Cuba
hay suficiente amor y hermandad
para seguir adelante.

February Crescent, Moon-Lit Night

Jupiter perched
on timeless horizon
west over *Los Caneyes*.
Twilight silver grey
scanning the stars
for the meaning of life.

Cuarto creciente de febrero, noche iluminada por la luna

Júpiter posado
sobre el inmortal horizonte
al oeste de Los Caneyes.
Crepúsculo plateado gris
explorando los astros
en busca del significado de la vida.

Reading Poetry in Cuba
Owed to Laurence

Reading with gentle *Cubano* music
wafting in the background,
with a gentle breeze,
the flutter of palm fronds
are all wonderful and preferable
but there is nothing like
reading with the crushing sound of ice
grinding in the background.

Leyendo poesía en Cuba
A Laurence

Leyendo con suave música cubana
flotando en el fondo,
con una agradable brisa,
las vibraciones de las frondas de los palmares
son todas maravillosas y deseables
pero no hay nada como
leer con el sonido tintineante del hielo
rechinando en el fondo.

For Amphitrite's Necklace

I flung my only faintly-faded boyhood imagination
with a fistful of contemporary Canadian coins
into the Sargasso Sea as a replacement
for the not so ancient Cuban coins
I found washed up on the sand-soft seas
of Guardalavaca beach. For years I have hidden
not so valuable items in oddball places.
A dollar bill placed in the frame behind a mirror,
an inscription to the person
that would finally take off the doorknob
years from now, a stack of books,
bagged and hidden in the wall after a renovation.
Only the imagination will know what will happen
to those coins hurled
into the Atlantic waves of tomorrow's fury.
I am not sure that Poseidon will care much
about a fistful of coins tossed
into his salty treasure trove,
though his Greek goddess wife, Amphitrite,
might want them strung around her neck
with alabaster shells.
For this boy, strolling slowly into his seventies
that fistful of treasure will feed me
all the way to my ocean swelled demise and beyond.

Para el collar de Anfitrite

Eché a volar mi solo ligeramente desvanecida imaginación de niñez
con un puñado de monedas canadienses contemporáneas
lanzadas al Mar de Sargazo como remplazo
por las no tan vetustas monedas cubanas
que me encontré traídas hasta los mares de suaves arenas
de la playa de Guardalavaca. Por años he escondido
objetos no tan valiosos en lugares extraños.
Un billete de un dólar colocado en el marco detrás de un espejo,
una dedicatoria a la persona
que finalmente quitara el pomo de la puerta
en años venideros, un montón de libros,
metidos en un bolso y escondidos en la pared luego de una renovación.
Solo la imaginación sabrá lo que pasará
a esas monedas tiradas
a las atlánticas olas de la furia del mañana.
No estoy seguro que a Poseidón le importe mucho
un puñado de monedas lanzadas
a su salado tesoro valioso,
aunque su esposa, la diosa griega Anfitrita,
tal vez quisiera tenerlas alrededor de su cuello
con conchas de alabastro.
Para este chico, acercándose despacio a sus setenta
ese puñado de tesoros me sustentará
todo el camino a mi muerte de crecientes olas y más allá.

Poets´ Bios

John B. Lee
(Ontario, Canada, 1951)

In 2005 John B. Lee was inducted as Poet Laureate of Brantford in perpetuity. The same year he received the distinction of being named Honourary Life Member of The Canadian Poetry Association and The Ontario Poetry Society. In 2007 he was made a member of the Chancellor's Circle of the President's Club of McMaster University and named first recipient of the Souwesto Award for his contribution to literature in his home region of southwestern Ontario, and was named winner of the inaugural Black Moss Press Souwesto Award for his contribution to the ethos of writing in Southwestern Ontario.

In 2011 he was appointed Poet Laureate of Norfolk County (2011-14) and in 2015 Honourary Poet Laureate of Norfolk County for life. A recipient of over eighty prestigious international awards for his writing, he is winner of the CBC Literary Award for Poetry, the only two time recipient of the People's Poetry Award, and 2006 winner of the inaugural Souwesto Orison Writing Award (University of Windsor).

In 2007 he was named winner of the Winston Collins Award for Best Canadian Poem, an award he won again in 2012. In 2016 he won Honourable Mention in the Cranberry Tree Press Chapbook Award and the Golden Grassroots Press Award, Honourable Mention in the Drummond Poetry Award, First Place in the Scugog Poetry Award, First Place in the Hour Glass Poetry Award, First Place in the Literary Encyclopedia Award, and Honourable Mention in the Peace Poetry Award.

He has well-over seventy books published to date and is the editor of seven anthologies including two best-selling works: That Sign of Perfection: poems and stories on the game of hockey; and Smaller Than God: words of spiritual longing. He co-edited a special issue of Windsor Review—Alice Munro: A Souwesto Celebration published in the fall of 2014.

His work has appeared internationally in over 500 publications, and has been translated into French, Spanish, Korean and Chinese. He has read his work in nations all over the world including South Africa, France, Korea, Cuba, Canada and the United States. He has received letters of praise from Nelson Mandela, Desmond Tutu, Australian poet Les Murray, and Senator Romeo Dallaire. Called "the greatest living poet in English" by poet George Whipple, he lives in Port Dover, Ontario, where he works as a full time author.

John B. Lee
(Ontario, Canada, 1951)

En 2005 John B. Lee fue distinguido como Poeta Laureado de Brantford a perpetuidad. El mismo año recibió la distinción como Miembro Honorario de por vida de la Asociación Canadiense de Poesía y la Sociedad de Poesía de Ontario. En 2007 lo hicieron miembro del Chancellor´s Circle del President´s Club en la Universidad de McMaster y fue el primero en recibir el Premio Souwesto por su contribución a la literatura en su zona natal del sureste de Ontario, y fue elegido ganador del Premio Souwesto inaugural de la Black Moss Press for su aporte al espíritu de la escritura en el sureste de Ontario.

En 2011 fue nombrado Poeta Laureado del Condado de Norfolk (2011-2014) y en 2015 Poeta Laureado Honorario del Condado de Norfolk de por vida. He recibido más de ochenta prestigiosos premios internacionales por su obra y es el ganador del Premio Literario de Poesía CBC, el único ganador en dos ocasiones del Premio Poesía del Pueblo, y ganador en 2006 del Premio de Escritura inaugural Souwesto Orison (Universidad de Windsor).

En 2007 fue nombrado ganador del Premio Winston Collins por el Mejor Poema Canadiense, premio que ganó nuevamente en 2012. En 2016 obtuvo Mención Honoraria en el Premio Cranberry Tree Press Chapbook y el Premio Golden Grassroots Press, Mención Honoraria en el Premio de Poesía Drummond, Primer Lugar en el Premio de Poesía Scugog, Primer Lugar en el Premio de Poesía Hour Glass, Primer Lugar en el Premio Enciclopedia Literaria, y Mención Honoraria en Premio de Poesía por la Paz.

Tiene más de setenta libros publicados hasta ahora y es el editor de siete antologías incluidos dos bestsellers: *That Sign of Perfection: poems and stories on the game of hockey*; y *Smaller Than God: words of spiritual longing*. Coeditó una edición especial de Windsor Review– Alice Munro: A Sowesto Celebration publicada en el otoño de 2014.

Su obra ha aparecido internacionalmente en más de 500 publicaciones, y ha sido traducida al francés, español, coreano y chino. He leído su obra en naciones de todo el mundo incluidas Sudáfrica, Francia, Corea, Cuba, Canadá y los Estados Unidos. He recibido cartas de reconocimiento de Nelson Mandela, Desmond Tutu, el poeta australiano Les Murray, y el Senador Romeo Dallaire. Conside
rado "el más grande poeta vivo en inglés" por el poeta George Whipple, vive en Port Dover, Ontario, donde trabaja como autor a tiempo completo.

Antony Di Nardo
(Quebec, Canada, 1949)

Antony Di Nardo is the author of five books of poetry, his most recent, *Gone, Missng* (Hidden Brook Press), was released in the summer of 2020. His work appears widely in journals and anthologies across Canada and internationally, and has been translated into French, German, Italian and Spanish. His long poem suite "May June July" was winner of the Gwendolyn MacEwen Poetry Prize for 2017 and was short-listed for a National Magazine Award.

He began his professional writing career as a journalist and editor of a weekly newspaper in Northwestern Ontario and was a regular contributor to *The Squatchberry Journal*, an eclectic quarterly of northern writing. He spent the last years of a teaching career in Beirut where he launched his first book *Alien, Correspondent* (Brick Books).

As an active member of the Canada Cuba Literary Alliance he is a regular contributor to both *The Envoy* and *The Ambassador*. Besides, he was included in the book *The Divinity of Blue*, an anthology of Cuban poets and Canadian poets who visited Cuba in February 2020, to be published by Hidden Brook Press, which had already launched Di Nardo´s poetry book *Gone, Missng* (2020).

Born in Montreal, he divides his time between Cobourg, Ontario and Sutton, Quebec. He can also be found at: www.antonydinardo.com.

Antony Di Nardo
(Quebec, Canada, 1949)

Antony Di Nardo es autor de cinco libros de poesía, su más reciente es *Gone, Missng* (Hidden Brook Press), publicado en el verano de 2020. Sus trabajos aparecen ampliamente en periódicos y antologías en Canadá y a nivel internacional, y ha sido traducido al francés, alemán, italiano y español. Su poema extenso "May June July" ganó el Premio de Poesía Gwendolyn MacEwen en 2017 y fue incluido entre los seleccionados para el Premio National Magazine.

Comenzó su carrera profesional como escritor siendo periodista y editor de un boletín semanal en Northwestern Ontario y fue colaborador sistemático para *The Squatchberry Journal,* una publicación cuatrienal variada con autores del noreste. Pasó los últimos de su carrera como profesor en Beirut donde presentó su primer libro *Alien, Correspondent* (Brick Books).

Como miembro activo de la Alianza Literaria Canadá Cuba es un colaborador constante de *The Envoy* y *The Ambassador*. Además, fue incluido en el libro *The Divinity of Blue*, una antología de poetas cubanos y los poetas canadienses que visitaron Cuba en febrero 2020, a ser publicado por la Hidden Brook Press, la cual ya había presentado el libro de poesía de Di Nardo, *Gone, Missng* (2020).

Nació en Montreal, pasa su tiempo entre Cobourg, Ontario y Sutton, Quebec. Se puede acceder a él también en:
www.antonydinardo.com.

Laurence Hutchman
(Belfast, Northern Ireland, 1948)

Laurence Hutchman grew up in Toronto, receiving his BA from Western University in London, Ontario, an MA from Concordia in Montreal and a PhD from the Université de Montreal. He has taught at a number of universities including Concordia University, The University of Alberta, Western University, and the Université de Moncton at the Edmundston Campus where he was a professor for 23 years. He also served as President of the Writers' Federation of New Brunswick and co-organized the Alden Nowlan Literary Festival.

Hutchman has published ten books of poetry, co-edited the anthology Coastlines: the Poetry of Atlantic Canada, and edited In the Writers' Words. His poetry has received numerous grants and awards, including the Alden Nowlan Award for Excellence, and his poems have been translated into French, Spanish, Dutch, Italian, Polish, Bangla, and Chinese. His most recent book is *Two Maps of Emery*.

Last year he was named Poet Laureate of Emery, north Toronto. He lives with his wife, the artist and poet, Eva Kolacz, in Oakville.

By Laurence Hutchman: Poetry: *Two Maps of Emery* (Windsor: Black Moss Press, 2016), *Personal Encounters* (Windsor: Black Moss Press, 2014), *Reading the Water* (Windsor: Black Moss Press, 2008), *Selected Poems* (Toronto: Guernica Editions, 2007), *Beyond Borders*: (Fredericton, New Brunswick: Broken Jaw Press, 2000), *Emery* (Windsor: Black Moss Press, 1998), *Foreign National* (Ottawa: Agawa Press, 1993), *Blue Riders* (Montreal: Maker Press, 1985), *Explorations* (Montreal: D.C. Books, 1975), and *The Twilight Kingdom* (London: Killaly Press, 1973); Prose: *In the Writers' Words: Conversations with Eight Canadian Poets* (Toronto: Guernica Editions, 2011).

Laurence Hutchman
(Belfast, Northern Ireland, 1948)

Laurence Hutchman creció en Toronto, recibiendo su Licenciatura de la Western University en London, Ontario, un título de Máster de Concordia en Montreal y uno de Doctor de la Université de Montreal. Ha impartido clases en un grupo de universidades incluida la de Concordia, la Universidad de Alberta, la Western University, y la Universidad de Moncton en el Campus Edmunston donde fue profesor por 23 años. Fungió también como Presidente de la Federación de Escritores de New Brunswick y como coorganizador del Festival Literario Alden Nowlan.

Hutchman ha publicado diez libros de poesía, coeditó la antología Litorales: la poesía del Canadá Atlántico, y editado En las palabras del escritor. Su poesía ha recibido numerosas subvenciones y premios, incluido el Premio Alden Nowlan por la Excelencia, y sus poemas han sido traducidos al francés, español, holandés, italiano, polaco, bengalí, y chino. Su más reciente libro es *Two Maps of Emery*.

El año pasado fue nombrado Poeta Laureado, Toronto norte. Vive con su esposa, la artista y poeta, Eva Kolacz, en Oakville.

Títulos de Laurence Hutchman: Poesía: *Two Maps of Emery* (Windsor: Black Moss Press, 2016), *Personal Encounters* (Windsor: Black Moss Press, 2014), *Reading the Water* (Windsor: Black Moss Press, 2008), *Selected Poems* (Toronto: Guernica Editions, 2007), *Beyond Borders*: (Fredericton, New Brunswick: Broken Jaw Press, 2000), *Emery* (Windsor: Black Moss Press, 1998), *Foreign National* (Ottawa: Agawa Press, 1993), *Blue Riders* (Montreal: Maker Press, 1985), *Explorations* (Montreal: D.C. Books, 1975), and *The Twilight Kingdom* (London: Killaly Press, 1973); *Prosa: In the Writers' Words: Conversations with Eight Canadian Poets* (Toronto: Guernica Editions, 2011).

Richard Marvin Grove (Tai)
(Ontario, Canada, 1953)

Richard Marvin Grove, known to friends as Tai, was born in Hamilton, Ontario, in 1953, in a family of great sensibility towards artistic and cultural manifestations. He grew up in an environment highly favorable for poetry. He is a Canadian artist, writer, photographer and publisher. With both parents artists and gallery owners, he had a unique and early introduction into the world of visual art; which is at the core of his being. His fascination with Cuba, the Cuban people and culture were the reasons why he brought them into his literary texts, his paintings, his life and family. He has lovingly and passionately worked to promote literary and artistic solidarity between Canada and Cuba. His poetry, painting, photography and publication activism of Cuban authors and artists are highly praise-worthy. Canada and Cuba are a constant inspiration for his work.

He studied pottery at Mohawk College, design and pottery at Sheridan College, leading to his graduating in 1984 from the Experimental Arts Department at Ontario College of Art. In 1994 he graduated with honors from the Humber College, Arts Administration diploma program. In 2002 he returned to school to study computer courses relating to publishing. Since graduating from Ontario College of Art, he has exhibited in more than twenty solo and group exhibitions in Hamilton, Toronto, Boston, Calgary and Grand Prairie. He has his art in over thirty corporate collections across Canada.

He is editor and publisher of a publishing company, Hidden Brook Press, from which he publishes books of every genre for authors around the world, including Cubans in his HBP imprint, SandCrab Books.

Apart from being a published poet, he has also exhibited his poetry in acrylic on paper paintings as well as in audio sculptures. He has published over 100 poems and essays in periodicals around the world, and has been published in over 30 anthologies.

Among his books of poetry, short stories and memoirs are: *Beyond Fear and Anger, Poems for Jack: Poems for the Poetically Challenged, A View of Contrasts: Cuba Poems,* Cuba Trip-e-Book, The Family Reunion, *From Cross Hill, Psycho Babble and the Consternations of Life, A Trip to Banes, Trapped in Paradise: Views of my Cuba, The Importance of Good Roots, Destination Cuba: A Cuba Memoir, Living in the Shadow, Some Sort of Normal,* etc.

His books of photography and digital painting include titles such as *Sky over Presqu'ile, terra firma, Óxido Rojo, Substantiality, North of Belleville, In this We Hear the Light, Beyond the Seventh Morning* and *A Small Payback, Ode to Victoria Lake*.

He was an active member of the Canadian Poetry Association for ten years serving on the executive for seven years including five as President. He is also the founder of the Canadian Poet Registry, an archival information website that lists Canadian poets including brief biographies, their book titles and awards.

He is the Founding President of the Canada Cuba Literary Alliance (CCLA). Its goal is to advance literary and artistic solidarity between Canada and Cuba through the creative expression of poetry, prose, photography and art. He is also the Founding President of the Brighton Arts Council and the first appointed Poet Laureate of Brighton. He has been a public speaker. He has been invited by a number of literary groups as Feature Speaker on various topics in Germany, USA, New Zealand, Canada and Cuba.

Richard Marvin Grove (Tai)
(Ontario, Canada, 1953)

Richard Marvin Grove, conocido por los amigos como Tai, nació en Hamilton, Ontario, en 1953, en una familia de gran sensibilidad hacia las manifestaciones artísticas y literarias. Creció en un ambiente altamente favorable para la poesía. Es un canadiense artista, escritor, fotógrafo y publicador. Con ambos progenitores artistas y dueños de galerías, tuvo una exclusiva y temprana inmersión en el mundo de las artes visuales; lo que está al centro de su ser. Su fascinación por Cuba, el pueblo cubano y su cultura fueron las razones por las que los llevo a sus textos literarios, sus pinturas, su vida y su familia.

Ha trabajado amorosa y apasionadamente para promover la solidaridad literaria y artística entre Canadá y Cuba. Su poesía, pintura, fotografía y activismo de publicaciones de autores y artistas cubanos son altamente elogiables. Canadá y Cuba representan una inspiración constante en su trabajo.

Estudió cerámica en el Colegio Mohawk, diseño y cerámica en el Colegio Sheridan, hasta su graduación en 1084 del Departamento de Artes Experimentales del Colegio de las Artes de Ontario. En 1994 se graduó con honores del Colegio Humber, programa de diplomas de la Administración de las Artes. En el 2002 regresó a los estudios para tomar cursos de computación vinculados a la publicación. Desde su graduación del Colegio de las Artes de Ontario, ha realizado más de veinte exhibiciones unipersonales y de grupo en Hamilton, Toronto, Boston, Calgary y Grand Prairie. Su arte se exhibe en más de treinta colecciones en todo Canadá.

Es editor y publicador de una compañía editorial, la Hidden Brook Press, desde la que publica libros de todo género para autores de todo el mundo, incluidos cubanos en un sello de la HBP, la SandCrab Books. Además de ser un poeta publicado, ha exhibido su poesía en acrílico sobre pinturas de papel así como en audio-esculturas. Ha publicado más de 100 poemas y ensayos en publicaciones en todo el mundo, y ha sido incluido en más de 30 antologías.

Entre sus libros de poesía, cuentos cortos y memorias se encuentran *Beyond Fear and Anger, Poems for Jack: Poems for the Poetically Challenged, A View of Contrasts: Cuba Poems, Cuba Trip-e-Book, The Family Reunion, From Cross Hill, Psycho Babble and the Consternations of Life, A Trip to Banes, Trapped in Paradise: Views of my Cuba, The Importance of Good Roots, Destination Cuba: A Cuba Memoir, Living in the Shadow, Some Sort of Normal*, etc.

Sus libros de fotografía y pintura digital incluyen títulos como *Sky over Presqu'ile, terra firma, Óxido Rojo, Substantiality, North of Belleville, In this We Hear the Light, Beyond the Seventh Morning* and *A Small Payback, Ode to Victoria Lake*.

Fue miembro activo de la Canadian Poetry Association por diez años sirviendo como ejecutivo por siete años entre ellos cinco como presidente. Es además el fundador de la Canadian Poet Registry, un sitio web de información de archivo que lista los poetas canadienses con una breve biografía, sus títulos y premios.

Es el Presidente Fundador de la Alianza Literaria Canadá Cuba (ALCC). Su objetivo es promover la solidaridad literaria y artística entre Canadá y Cuba por medio de la expresión creativa de la poesía, la prosa, la fotografía y el arte. Es también el Presidente Fundador del Consejo de las Artes de Brighton. Ha sido orador público. Ha sido invitado por un número de grupos literarios como Orador Invitado sobre variados temas en Alemania, EE.UU., Nueva Zelanda, Canadá y Cuba.

About the Editor
Miguel Ángel Olivé Iglesias

Miguel Ángel Olivé Iglesias is *The Ambassador* Editor-in-chief and President in Cuba of the Canada Cuba Literary Alliance (CCLA). He does translation, proofreading, reviewing and revision for the CCLA, along with compilation and anthologizing. He is a member of the Mexican Association of Language and Literature Professors, VP of the William Shakespeare Studies Center and member of the Canadian Studies Department of the Holguín University in Cuba.

Born in 1965 in Bayamo, Cuba, he travelled to Holguín City in 1977 for his Junior, Senior High and College studies. Today he is an Associate Professor at the University of Holguín, with a Bachelor's degree in Education, Major in English, and a Master's degree in Pedagogical Sciences. He has been teaching for thirty-two years and writing reviews, poems and stories in Spanish and English.

Miguel has written and published numerous academic papers in Cuba, Mexico, Spain and Canada. So far he has published too more than a hundred poems, four short stories and over thirty-five critical reviews of poetry books and novels in different issues: *The Ambassador*, official flagship of the CCLA; *The Envoy*, official newsletter of the CCLA; *The Bridges Series Books*, published by Hidden Brook Press and SandCrab Books; Adelaide Group in New York-Lisbon, and other anthologies by Hidden Brook Press and SandCrab Books and *Canadian Stories* magazine. He published a review book, *In a Fragile Moment: A Landscape of Canadian Poetry* (Hidden Brook Press, 2020) and his first full-length solo poetry book (bilingual), *Forge of Words* (Hidden Brook Press, 2019).

His poetic themes touch upon women, people, life, family, love, nature, and human values. The editor is currently involved in many CCLA projects. SandCrab books published in 2020 the e-book he edited, *These Voices Beating in our Hearts: Poems from the Valley* (English-Spanish), where his poems and haiku appear together with the poetry of other ten Holguín poets.

He works in the Teacher Education English Department as a professor of English, English Stylistics and grad courses. He is also Head of the English Language Discipline. He uses his academic papers, essays, stories and poems in class for reading, debating and practicing the language, adding a didactic and formative element to his scientific and literary production. He also does poetry reading in co-curricular on-campus and community activities.

Sobre el editor
Miguel Ángel Olivé Iglesias

Miguel Ángel Olivé Iglesias es Jefe Editor de *The Ambassador*, revista oficial de la Alianza Literaria Canadá Cuba (ALCC), y su Presidente en Cuba. Traduce, realiza correcciones, reseñas y revisiones para la ALCC, además de compilación y preparación de antologías. Es miembro de la Asociación de Profesores de Lengua y Literatura de Méjico, Vicepresidente del Centro de Estudios William Shakespeare y miembro del Departamento de Estudios Canadienses de la Universidad de Holguín, Cuba.

Nació en Bayamo, Cuba, en 1965, luego viajó a la Ciudad de Holguín en 1977 para sus estudios medios y superiores. Hoy es Profesor Auxiliar de la Universidad de Holguín, Licenciado en Educación, Especialidad de Inglés, y Máster en Ciencias Pedagógicas. Ha impartido docencia por más de treinta años y escrito críticas, poemas e historias en español e inglés.

Miguel ha escrito y publicado numerosos artículos académicos en Cuba, Méjico, España y Canadá. Hasta el momento ha publicado más de cien poemas, cuatro cuentos cortos y más de treinta y cinco reseñas literarias de libros de poesía y novelas en variadas publicaciones: *The Ambassador*, revista insignia oficial de la ALCC; *The Envoy*, boletín oficial de la ALCC; los libros de la Serie Puentes, publicado por Hidden Brook Press y SandCrab Books; el Adelaide Group en Nueva York-Lisboa, y otras antologías de la Hidden Brook Press y SandCrab Books, además de un libro de ensayos, *In a Fragile Moment: A Landscape of Canadian Poetry* (Hidden Brook Press, 2020) y su primer libro completo en solitario de poesía (bilingüe), *Fragua de palabras* (Hidden Brook Press, 2019).

Los temas de su poesía se acercan a la mujer, la gente, la vida, la familia, el amor, la naturaleza, y los valores humanos. Actualmente el editor se dedica a muchos proyectos de la ALCC. La SandCrab Books publicó en 2020 el libro electrónico, del cual fue el editor, *Estas voces latiendo en nuestros corazones: Poemas desde el valle* (español-inglés), donde sus poemas y haikus aparecen junto a la poesía de otros diez poetas holguineros.

Trabaja en el Departamento de Educación Lengua Inglesa como Profesor de inglés, Estilística inglesa y cursos de postgrado. Es Profesor Principal de la Disciplina Lengua Inglesa. Utiliza sus artículos académicos, ensayos, historias y poemas en clases para la lectura, el debate y la práctica del idioma, adicionando un aspecto didáctico y formativo a su producción científica y literaria. Realiza además lectura de poesía en actividades universitarias extracurriculares en su universidad y en la comunidad.

www.ingramcontent.com/pod-product-compliance
Lightning Source LLC
Chambersburg PA
CBHW030232100526
44583CB00013BA/885